KB261622

이 책을

소중한 ______________님에게

마음을 담아 드립니다.

나침반

하나님은 왜 나를 부르셨을까?

어떤 일을 성취한 것도 아니고…, 그리 대단한 일을 한 것도 아니고…, 이제 막 시작한 일에 불과한, 현재 진행형의 사역을 주제로 책을 출간한다는 것에 큰 부담이 있었다.

하지만 나침반출판사의 김용호 대표께서 직접 보스턴까지 방문해 보스턴 리바이벌 프로젝트는 단지 미국교회뿐 아니라 전 세계를 위한 프로젝트이기 때문에 한국교회 부흥에도 큰 도전이 될 수 있다며 집필을 권유했고, 또 기도 중에 하나님께서도 세계 각국의 많은 성도들이 보스턴 리바이벌에 동참하기를 원하고 계신다는 사실을 깨달았기에 이 책을 출간하게 되었다.

나는 하나님께서 이 시대에 명령하고 계신 진정한 부흥을 말하고 싶다. 주님의 재림을 준비하는 마지막 세계 대 부흥과 이를 위한 성령의 늦은 비 부흥에 관한 이야기를 하고 싶다.

그러나 요즘 독자들에게 부흥과 재림이라는 딱딱하고 심각한 테마를 이야기 하면서 신학대학 교과서처럼 쓸 수는 없었다.

따라서 이 책은 나의 필리핀 선교사역과 영국 버밍엄 대학에서의 박사과정, 그리고 보스턴 리바이벌 사역을 수필처럼 자연스럽게 기술하고 그 사이사이에 부흥과 재림에 관한 메시지를 전달하는 방식을 취했다.

출간을 앞두고 원고를 다시 읽어보니 사적인 이야기가 너무 많아 개인 간증집이 돼버린 느낌도 없지 않다.

독자들의 넓은 이해가 필요한 부분이다.

하지만 이 책이 '나로부터 시작되는 부흥, 내가 서 있는 곳으로부터 출발하는 부흥'이라는 주제를 다루고 있기 때문에 그것을 먼저 경험한 나의 이야기를 전 세계의 독자들과 나누려 했다는 것 또한 중요한 집필 의도 중 하나였음을 밝혀두고 싶다.

나는 이 책을 통하여 3가지 질문을 던지고 있다.

WHY REVIVAL?

이 시대에 왜 부흥을 외쳐야 하는가?

WHY HERE?

내가 서있는 이곳이 왜 부흥의 진원지가 되어야 하는가?

WHY ME?

하나님은 왜 나를 부흥의 주인공으로 부르셨을까?

당신은 이 책을 읽는 동안 그 해답을 발견할 것이다.

이 책이 나오기까지 격려를 아끼지 않았던 나의 가장 귀한 동역자이며 아내인 김은주 선교사와 사랑하는 딸 샬롬, 그리고 부모님에게 감사의 마음을 전하고 싶다.

홀 박사를 비롯한 임마누엘 가스펠센터의 모든 동역자들과 마원석 목사님, 이영훈 목사님, 조승렬 목사님, 이주형 목사님, 김홍영 목사님, 박수길 목사님과 한기홍 목사님을 비롯해 홍석구 장로님과 최종현 장로님 그리고 부름선교회 회원들, H&Y집사님 부부, 김미희 집사님, 이중철 장로님, 하영순 집사님 등 일일이 이름을 부를 수조차 없는 수많은 나의 후원자들에게 감사드린다.

마지막으로 끝까지 원고 정리를 도와준 유재성 교수님과 나침반출판사 편집실 직원들에도 고마운 마음을 전한다.

이 책을 읽는 모든 독자들의 마음에 성령의 늦은 비가 내리길 기도한다.

보스턴에서

주님의 작은 종 김종필

Contents

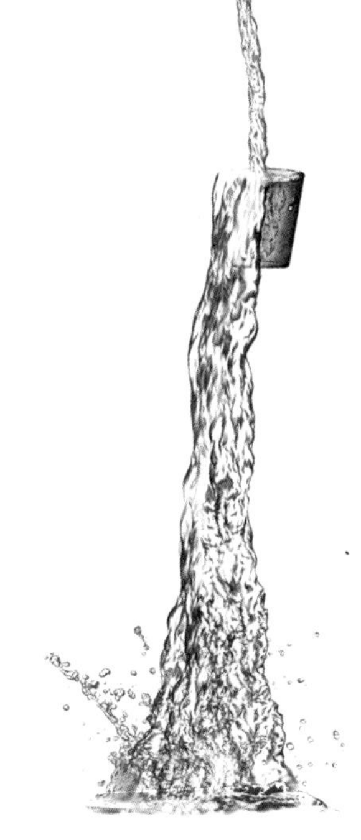

내가 지시한 땅으로 가라

하버드 리바이벌

보스턴에 도착하자마자 케임브리지로 가기 위해 택시를 탔다.

하버드로 가 하비콕스 교수를 만나야 했다.

케임브리지 시청 앞을 지날 때 일광욕을 즐기고 있는 이구아나 한 마리가 보였다.

앞다리를 세우고 머리를 든 채 당당히 태양을 마주하고 있는 보스턴의 이구아나. 그 조그만 현지 동물 앞에서 조차 왜소해지는, 나는 초라한 이방인이었다.

하버드 의과대학을 지나자 본 캠퍼스인 케임브리지에 위치한 하버드 교정이 나타났다.

내가 상상했던, 세계 최고의 두뇌들이 모여 있는 하버드를 상징하는 웅장한 학교 정문은 없었다. 사실 정문이라기보다는 하버드 스퀘어라고 해서 그쪽부터가 하버드 캠퍼스의 시작이었다.

하버드에서는 적지 않은 동양인들과 마주칠 수 있었다.

중국인과 인도인이 눈에 많이 띄었고 한국인들도 어렵지 않게 볼 수 있었다.

간혹 들리는 한국말은 그들의 영역에서 벗어나 있는 낯선 방문객의 마음을 위로해 주었다.

"하비콕스 교수님을 만나러 왔습니다."

"교수님은 러시아 학술대회에 참석중입니다."

비서의 사무적인 태도가 나를 더욱 위축시켰다.

하지만 하나님은 분명 하비콕스 교수를 만나 도움을 받을 것이라는 음성을 들려주신 터였기에 나는 당당히 다시 말했다.

"제가 당신의 컴퓨터를 사용해 교수님에게 메일을 보낼 수 있겠습니까?"

"노우."

서러움은 거칠고 억센 혓바닥이 되어 허기진 뱃속을 강하게 핥았다.

"교수님은 언제 돌아오십니까?"

"예정은 오늘로 되어 있지만 확실히 오늘 도착한다고 장담할 수는 없습니다."

다음날 오후2시, 나는 영국으로 돌아가는 비행기를 타야 했다.

오전밖에 시간이 없었다.

마음이 급했다.

"교수님께 메일 한 통만 남길 수 있도록 도와주십시오. 저는 하비콕스를 꼭 만나야 합니다."

이방인의 끈질긴 부탁에 측은지심이 들었는지 비서는 마지못해 컴퓨터 사용을 허락했다.

하비콕스에게 내가 지금 하버드에 와 있다는 내용의 메일을 남긴 후 암담한 마음으로 건물을 빠져나왔다.

갑자기 허공에 던져진 시간을 보내느라 캠퍼스 이곳저곳을 거닐었다.

하버드의 설립자로 알려진 존 하버드의 동상이 눈에 들어왔다.

그 동상의 발등을 보면 칠이 벗겨진 채로 노랗게 반짝거리는데 그 이유가 재미있다.

그 발등을 문지르면 하버드에 입학할 수 있다는 전설 때문이란다.

일전에 한국을 방문했을 때 당시 한국 고3들은 서울대를 가기 위해 현대 자동차 'SONATA' 뒤쪽에 붙여진 마크의 'S'자를 떼어가는 게 유행이어서 '쏘나타'가 모두 '오나타'가 되었다는 어느 집사님의 이야기를 기억해보면 동서양 막론하고 좋은 대학을 들어가기 위한 작은 미신들은 존재하나 보다.

하버드는 1636년, 그러니까 미합중국이 독립하기 이전에 세워졌다.

하버드라는 이름은 학교에 자신의 책과 재산의 절반을 기증한 당시 회중교회 목사인 존 하버드의 이름을 본뜬 것이라는 사실은 이미 잘 알려진 이야기다.

하지만 최초의 수업이 1638년 여름에 운동장이 딸린 목조 가옥 한 채에서 9명의 학생과 단 한 사람의 교사에 의해 시작되었다는 사실을 아는 사람은 많지 않다.

그 초라한 첫 수업이 시작된 때로부터 약 370년이 지난 지금, 하버드는 루스벨트, 케네디 등 역대 7명의 미 대통령을 배출했고, 41명의 노벨상 수상자들이 하버드 대학의 교수로 재직했거나 재직 중인 것으로 알려져 있다.

또한 연간 220억 달러에 달하는 연구비가 사용되고 있으며, 총 1500만권의 책이 약 90여개의 도서관에 비치되어 있다고 한다.

나는 찰스 강이 흐르는 하버드 다리 주변을 산책하며 이름 모를 그 한 사람의 교사를 생각했다.

그 교사가 지금의 하버드를 방문한다면 무슨 말을 할까?

그는 벅찬 가슴을 억누르며 이렇게 외칠 것이다.

'Harvard Revival!'

부흥은 아주 가까이에 있었다.

나는 캠퍼스 내에 있는 교회로 향했다.

하버드에는 교내에 여러 개의 교회가 있었고 대부분의 교회는 자유롭게 드나들며 기도할 수 있도록 개방되어 있었다.

나는 예배당 중앙 통로를 따라 앞으로 계속 걸었다.

뜨거운 눈물이 쏟아졌다.

낯선 땅에 던져진 서러움 때문에 흘리는 눈물이 아니었다.

370년 전 하버드에 피어올랐던 작은 부흥의 불씨를 본 감격 때문이었다.

하버드 비지팅 스칼라

다음날, 아침 일찍 여행용 가방을 든 채 다시 하버드를 찾았다.

'그가 여기에 있다. 안심하라.'

성령은 확신을 주셨다.

나는 하나님의 약속을 전적으로 신뢰했다.

서러움과 불안을 덮고도 남을 만큼의 높고 깊은 평안이 밀려왔다.

비서가 있는 중앙계단을 피해 왼쪽 계단을 이용했다.

하비콕스의 연구실은 3층에 있었다.

연구실 문은 열려 있었다.

성령님의 말씀처럼 하비콕스는 연구실에 있었다.

하비콕스는 10여 명의 대학원생들과 수업을 하고 있었다.

오후2시 비행기를 타야 했기에 수업이 끝날 때까지 여유 있게 기다
릴 수 없었다. 생각건대 내가 중앙통로로 올라와 2층에 있는 비서와 만
났다면 분명 비서는 수업이 끝날 때까지 기다리라며 문도 열어주지 않
았을 것이다.

나는 무례인 줄 알면서 노크를 한 후 안으로 들어갔다.

대학원생들은 갑작스럽게 방문한 이방인을 향해 호기심에 가득 찬
눈빛을 보냈다.

"저는 일라이자 킴입니다. 영국에 있을 때 메일을 보낸 적이 있습
니다."

“네, 알고 있습니다.”

하비콕스 교수님의 말투는 친절하고 따뜻했다.

“어제도 메일을 보냈습니다.”

“죄송합니다. 아직 열어보지 못했습니다.”

“교수님과 이야기를 나누고 싶습니다.”

“네, 알겠습니다. 잠시만 기다려 주십시오.”

하비콕스는 안쪽에 있는 의자를 향해 정중하게 오른손을 폈다.

“영국에서 중요한 손님이 오셨습니다. 오늘 수업은 빨리 끝내겠습니다.”

하비콕스는 서둘러 수업을 마쳤다.

우리는 한 시간 반 동안 많은 대화를 나눴다.

이야기의 대부분은 하비콕스와 나, 둘 모두가 알고 있는 사람들에 관한 것이었다. 우리는 비록 그날 처음 본 사이였지만 절친한 지인들을 통해 아주 가깝게 있어 왔다는 사실을 확인했다. 이야기가 진행될수록 하비콕스는 나에게 처음 만났을 때보다 훨씬 더 높은 친밀감을 보였다.

“하버드에서 강의 하고 싶습니다.”

더 이야기를 나누고 싶었지만 시간이 없었기에 직설적으로 방문목적을 말했다.

“우리 대학 신학부(Divinity School)에 비지팅 스칼라(Visiting Scholar)로 신청하는 것이 좋겠습니다. 제가 적극 도와드리겠습니다.”

하비콕스가 제안한 비지팅 스칼라는 우리가 흔히 알고 있는 교환교

수 제도로서 1년 동안 대학에서 숙소와 연구비를 지원받게 된다.

하비콕스는 확신을 주려는 듯 내가 있는 자리에서 직접 담당자에게 전화를 걸었다. 담당자가 자리를 비웠는지 통화가 되지 않았다. 하지만 하비콕스는 수화기를 내려놓지 않고 일라이자 킴이라는 사람이 비지팅 스칼라를 신청하려고 왔는데 본관을 방문하면 적극 도와주기를 바란다는 메시지를 남기는 성의까지 보였다.

몸속 사이사이에 지방질처럼 끼어 있었던 염려와 두려움이 쑥쑥 뽑아져 나가자 내 몸은 높이 날아올랐다.

'하버드에서 연구 활동을 하면서 보스턴을 중심으로 세계 대 부흥을 주도한다!'

나를 주인공으로 한 그 그림은 내 생애 최고의 걸작이었다.

필리핀으로 돌아가는 길을 막으셨던 하나님에 대한 섭섭함은 감사와 찬양으로 바뀌었다.

'우리 하나님, 멋쟁이!'

나는 애교를 부렸다.

내 영은 기뻐 춤을 추었다.

잰 걸음으로 달려가 비지팅 스칼라를 신청했다.

대학 본관의 담당자는 하비콕스의 전화 메모를 전달 받았는지 아주 쉽게 신청서를 받아주었다.

클린턴의 통곡

다시 영국으로 돌아온 나는 하버드 방문을 통해 얻은 몇 가지 결실 때문에 매우 들떠 있었다. 더구나 며칠이 지나지 않아 논문이 무사히 통과되어 박사학위를 받을 수 있게 되었다는 반가운 소식까지 들었다.

보스턴 행은 진한 핑크빛으로 채색되어 갔다.

나의 가슴은 세계 대 부흥을 향해 뜨겁게 타올랐다.

보스턴으로 돌아가면 금방이라도 거대한 성령의 불이 쏟아질 것만 같았다.

하지만, 하버드 교정에서 그렸던 내 생애 최고의 걸작은 냉정한 현실의 가위에 의해 순식간에 여러 조각으로 잘리더니 이내 형태를 알아볼 수 없을 정도로 복잡하게 얽히기 시작했다.

첫 번째 가위질은 비자 문제였다.

10년짜리 비자를 기대하며 미 대사관을 찾아 인터뷰를 했지만 내가 받아든 비자에는 겨우 '3개월'이라고 기록돼 있었다.

세계 대 부흥을 일으키기에는 너무 짧은 시간이었다.

정착을 목적으로 가족들과 함께 다시 보스턴으로 돌아가기로 했던 계획은 무산이 되고 여행자의 신분으로 다시 미국을 다녀와야 했다.

두 번째 가위질은 절대적 후원자의 반대였다.

선교사에게 후원은 생명선과 같다.

선교사는 후원교회나 후원자들이 보내오는 헌금을 통해 혈액과 영양분을 공급 받는다.

나는 필리핀에서 13년간 선교사로 일하는 동안 마땅한 후원교회나 후원자를 구하지 못해 뜨거운 선교의 열정을 펼쳐보지도 못한 채 본국으로 돌아가는 많은 선교사들을 보아왔다.

물론 전혀 후원을 받지 않고 현지인들의 헌금만으로 사역하는 선교사도 있지만 이는 아주 드문 경우다.

더구나 영국이나 미국과 같은 선진국에서의 사역에는 후원이 필수적이다.

한 가족 당 연간 생활비가 3,000만원을 넘기 때문이다.

영국 유학동안 든든한 후원자가 돼 주었던 분이 보스턴 행을 반대했다.

그분은 내가 필리핀으로 돌아가 선교하길 원했다.

나 또한 장로님의 생각과 다르지 않았다.

하지만 주님은 내가 보스턴으로 가기를 강권하셨다.

나는 고집 아닌 고집을 부릴 수밖에 없었고, 장로님은 내가 보스턴 행을 강행한다면 더 이상 후원할 수 없다는 최후통첩을 보내왔다.

세 번째 가위질은 자고 먹고 마시는 생활고의 문제였다.

영국생활을 완전히 정리하고 필리핀에 들러 아내와 딸 샬롬을 데리고 다시 미국을 방문하던 날, 공항에는 평소 알고 지내던 목사님의 부탁을 받은 한 목사님이 마중을 나와 있었다.

"목사님, 어느 정도의 돈을 갖고 계십니까?"

미국에서 자식을 하버드로 보낸 부모들은 고물차를 타고 다니는 경우가 많은데 차 뒷면에 이렇게 붙여 놓는다고 한다.

'우리 아이가 하버드에 다니고 있습니다.'

그만큼 하버드의 학비와 보스턴의 물가가 비싸다는 것을 보여주는 재치 있는 풍자적 이야기다. 하지만 한낱 우스갯소리도 그것이 내가 직면한 문제라면 이야기는 달라진다. 우리는 클린턴과 르윈스키의 스캔들 기사를 보면서 시간이 날 때마다 히죽거렸지만 정작 그 이야기의 당사자인 클린턴은 통곡을 해도 시원치 않았을 것이다.

나도 클린턴처럼 통곡을 하고 싶었다.

내가 한국 어느 식당에 앉아 하버드 학부모들의 고물차 뒷면 기사를 읽었다면 그들의 풍자에 감탄하며 한껏 웃었겠지만 보스턴의 비싼 월세와 물가가 내가 직면한, 우리 가족을 노숙하게 하거나 굶길 수도 있는 당면한 문제로 다가오자 웃음은커녕 눈물도 나오지 않았다.

"가져온 돈은 없습니다."

신데렐라는 왕자님과 함께

떨기나무 불꽃 가운데로 임재하신 하나님은 모세에게 말씀하신다.

"이제 내가 너를 바로에게 보내어 너로 내 백성 이스라엘 자손을 애굽에서 인도하여 내게 하리라."(출3:10)

가나안 리바이벌의 선포였다.

모세는 "내가 누구관대 바로에게 가며 이스라엘 자손을 애굽에서 인도하여 내겠습니까?"하며 반문한다.

자기는 입이 뻣뻣하고 혀가 둔한 자이니 보낼만한 자를 보내라며 하나님과 힘겨운 줄다리기를 한다.

모세는 40년 전 홀로 애굽 리바이벌을 주도하다 왕자에서 도망자 신세로 전락한 실패와 좌절을 뼈저리게 기억하고 있었다.

하나님은 네 형 아론이 대언자가 될 것이라며 순종을 강권한다.

결국, 모세는 애굽으로 떠나 이스라엘 자손의 모든 장로들과 백성들 앞에서 하나님이 명하신 모든 말씀을 전하며 이적을 행한다.

이스라엘 백성은 하나님께서 자기들의 고난을 감찰하셨다며 감격에 찬 경배를 드린다.

얼마나 황홀한 장면인가?

불꽃 가운데 하나님이 임재하시고, 명령을 거절하던 모세는 애굽에 들어가 이스라엘 백성들에게 부흥을 선포하고, 백성들은 눈물로 뒤범벅이 된 채 감사의 예배를 드리는 모습!

내가 어릴 적 읽었던 동화책의 대부분은 이 대목에서 끝났다.

"착한 신데렐라는 왕자님과 함께 행복하게 살았습니다."

많은 목사님들의 설교도 이에서 벗어나지 않는다.

"하나님의 부르심에 순종하십시오. 하나님이 들어오거나 나가거나 복을 주실 것이며 떡 반죽 그릇까지 복으로 채워줄 것입니다."

예배당 안은 벅찬 '아멘' 소리로 뜨겁게 진동한다.

사람들에게 순종은 축복의 나라로 가는 승차권이기 때문이다.

사람들에게 축복은 '내가 원하는 것'을 몽땅 얻는 도깨비 방망이기 때문이다.

편안하고 따뜻한 것이기 때문이다.

배부르고 안전한 것이기 때문이다.

꼬리가 되지 않고 머리가 되는 것이기 때문이다.

항상 푸른 초장 맑은 물가에 머무를 수 있는 숙식권이기 때문이다.

순종하면 만사형통하기 때문이다.

하지만 성경은 달랐다.

가나안 리바이벌을 선포하며 감격에 찬 예배를 끝낸 이스라엘 백성들에게 던져진 것은 신데렐라가 왕자님과 함께한 달콤한 행복이 아니었다.

푸른 초장 맑은 물가도 아니었다.

이전 보다 더 심한 고역이었다.

바로는 이스라엘 백성들이 게을러서 모세의 거짓말에 귀를 기울이고 있다며 사람들의 고역을 무겁게 하므로 수고롭게 하라고 명령한다.

그날부터 이스라엘 백성들은 벽돌을 만드는 데 필요한 짚을 얻을 수 없었고 그 짚을 주워서 벽돌을 만들되 완성해야 하는 수량은 이전과 동일해야 했다.

보스턴 리바이벌을 선포하겠다고 순종한 나에게 던져진 것은 보스턴의 비싼 월세와 물가 때문에 더 초라해진 빈 지갑이었다.

"목사님, 보스턴에서는 방 하나짜리 집을 세 얻는 데도 월 1,300달러가 필요합니다."

내 수중에 남아 있는 돈은 고작 100달러 정도였다.

"후원해 주는 교회나 후원자는 있습니까?"

"없습니다."

"따님의 학교 진학에 대한 계획은 있습니까?"

"없습니다."

마중을 나왔던 목사님은 당황해하는 기색이 역력했다. 나는 그 목사님을 당황시킬 마음은 조금도 없었다. 하지만 그 목사님은 내게 없는 것만 골라서 있느냐고 물으시니 나는 계속해서 없다고 대답할 수밖에 없었다.

묻는 이나 대답하는 이나 딱하기는 마찬가지였다.

"죄송합니다. 목사님, 보스턴에는 오지 않는 게 좋겠습니다."

맞다.

그 목사님의 말이 맞다.

나는 보스턴으로 오지 않는 게 맞다.

필리핀으로 돌아가 2만 5천 명의 목회자를 훈련시켜 전 세계로 파송시키는 게 맞다.

그러나 딱 한 분만이 아니라고 말씀하신다.

보스턴으로 가라고 말씀하신다.

"하나님께서 보스턴에 대 부흥을 주시겠다며 가라고 하셨습니다. 저는 거역할 수가 없습니다."

우리 부부의 태도는 너무도 단호했다.

"알겠습니다. 제가 하숙집을 소개하겠습니다. 당분간 거기에 머무르면서 방법을 찾아보도록 하시죠."

"고맙습니다."

목사님이 소개해 준 하숙방은 거실을 개조해 만든 1인실로 4평 남짓했다.

짐이라고 해봐야 여행용 가방 몇 개가 고작인데, 그 짐을 발치에 두고 3명이 누우니 어깨가 맞닿아 돌아눕기가 불편할 정도로 좁았다.

각오는 하고 왔지만, 쉽게 잠을 이루지 못하는 아내와 딸 샬롬의 뒤척거림이 있을 때마다 미안한 설움이 북받쳐 올랐다.

"비·오·에스·티·오·엔"

보스턴에 오기 전 나는 영국 유학 생활을 마치고 필리핀으로 돌아갈 날을 기다리고 있었다.

나와 아내는 필리핀과 영국이라는 먼 이국땅에서 각자에게 주어진 사명을 위해 그리움을 참고 2년 반을 보냈다.

아내가 보고 싶었다.

그리움은 때때로 불면의 가면을 쓴다.

며칠째 잠을 이루지 못했다.

침대에서 일어나 불을 켰다.

책상에 앉아 무심히 펜을 들었다.

『하루 빨리 돌아가겠소.

조금만 더 기다려주시오.

헤어져있었던 그 세월만큼 이전보다 더 많이 안아주겠소.

더 많이 사랑한다고 말하겠소.

함께 손을 잡고 바닷가를 거닐며 더 오래도록 파도소리를 듣겠소.

매일 밤 발을 닦아주며 그 말간 얼굴을 하염없이 바라보겠소.

무릎을 베고 누워 아침 해가 뜨도록 당신의 노래 소리를 듣겠소.』

그리움의 끝에 선 시간은 누구에게나 길고 지루한가보다.

급한 마음을 비웃기라도 하듯 시간은 더 게으름을 피웠다.

그러던 어느 날 필리핀에 있는 아내로부터 전화가 왔다.

"따르르릉."

아내의 목소리를 들으면 언제나 목이 메었다.

"여보, 조금만 더 참아."

아내는 말이 없었다.

애써 울음을 삼키는 것 같았다.

지난 2년간의 고통이 서러움으로 북받쳐오를 수도 있겠다는 생각이 들었다.

하지만, 아내는 전혀 뜻밖의 말을 했다.

아내는 영국에서 공부를 마친 내가 필리핀으로 돌아오는 것을 원하지 않았다.

오히려 내가 단 한 번도 가 본적 없는 낯선 도시로 떠나야 한다고 말했다.

그 이유는 아내의 환상 때문이었다.

아내가 본 환상을 이야기하기 시작하였다.

아내는 영국에서 비행기를 타고 북대서양을 건너고 있었단다.

끝없이 펼쳐진 검푸른 바다 위로 작은 섬들이 쿠키처럼 박혀 있었는데…

얼마나 날아왔을까?

눈 아래로 큰 도시 하나가 나타났다.

비행기의 고도가 점차 낮아지자 도시의 중앙에 있는 커다란 광장 하나가 보였다.

광장에는 백만여 명의 사람들이 운집해 있었다. 미처 광장에 들어서지 못한 사람들은 도시의 빌딩 사이사이로 난 골목까지 가득 메우고 있었다.

광장의 한가운데에는 사방으로 열려진 높은 강단이 솟아 있었다.

강단 위에서는 한 사람이 유창한 영어로 설교를 하고 있었는데 그는 입을 열 때마다 화염처럼 뜨겁고 강한 바람 같은 말씀을 쏟아냈다. 자세히 보니 그는 다름 아닌 자신의 남편이었다.

수많은 사람들이 눈물로 회개하며 주님께 돌아왔다. 태어나 단 한 번도 걷지 못했던 사람이 휠체어를 버리고 벌떡 일어나 걸었다. 소경이 눈을 뜨고 중풍병자가 고침을 받았다. 귀신과 악한 영이 떠났다.

백만 여명의 사람들이 동시에 두 손을 높이 들고 서서 하늘을 우러러 뜨겁게 찬양했다.

공중에서 나팔소리만 나면 주님이 곧 재림하실 것만 같은 놀라운 부흥의 광경이었다.

"주님, 이것이 무엇입니까?"

"사랑하는 딸아, 하늘을 보라."

고개를 들어 하늘을 보니 까만 밤하늘에 커다란 손가락이 나타나 빠르게 움직이며 불꽃으로 글자를 쓰기 시작했다.

B
O
S
T
O
N

아내는 천천히 그 글자를 한자씩 읽어 나갔다.

"비? 오? 에스? 티? 오? 엔?"

"보스턴?"

환상에 관한 이야기를 들려주는 아내의 목소리는 흥분과 놀라움으로 떨고 있었다.

나는 또다시 다가올 고난의 무게를 직감했다.

'이번엔 보스턴으로 떠나란 말인가?'

불편함이 거북스럽게 밀려왔다.

아내의 환상을 통해 초자연적인 방법으로 나의 걸음을 인도해 오신 하나님을 인정하지만 그 시간에는 도대체 마음 문이 열리지 않았다.

"당신은 지금, 나보고 보스턴으로 떠나라고 말하고 싶은 거야? 보스턴이 어느 나라에 있는 도시인 줄이나 알고 하는 소리야?"

불편한 심기를 그대로 드러내며 날카롭게 쏘아붙였다.

아내를 통한 하나님의 일방통행에 대한 나의 반박이었다.

미국으로 떠나라니, 정말 화가 나 견딜 수가 없었다.

"나는 당장 필리핀으로 돌아가고 싶어!"

하지만,
내가 처음부터 미국보다 필리핀으로 가고 싶었던 것은 아니었다.
오히려 정반대였다.
하나님은 짓궂은 장난꾸러기 같았다.
내가 맨 처음 미국으로 가려고 할 때는 필리핀으로 가라고 명령하셨다.
우여곡절 끝에 필리핀 사역을 시작하였다.
그러던 어느 날 하나님은 나를 영국으로 유학보내셨다.
당연히 필리핀의 목회자 훈련을 위해 나를 먼저 훈련시키시는 것이라고 생각했다.
그런데 이제 필리핀이 아닌 미국으로 떠나라 하신다.

제1부

필리핀으로 가라!

개꿈

1992년 1월 어느 날 새벽, 아내가 내 어깨를 흔들었다.

"좀 일어나 봐요."

겨우 눈을 떠 시계를 보니 2시40분이었다.

"무슨 일이야? 새벽기도 가려면 아직도 시간이 남았는데."

"이상한 꿈을 꾸었어요."

"도대체 무슨 꿈인데 이 호들갑이야? 새벽기도 가면서 이야기해."

이불 속으로 다시 기어들어가려는데 아내가 억지로 일으켜 세웠다.

"사람들의 피부색이나 주변 식물들로 보아서는 동남아의 어느 나라인 것 같아요. 당신이 그 나라의 큰 광장에 서서 그 나라 말로 설교를 하는 데 수많은 사람들이 눈물로 회개하며 주님께 돌아왔어요."

미국이 아니라 동남아라니, 개꿈이었다.

그렇게 믿고 싶었다.

"더 자세히 본 것은 없어?"

개꿈이라는 걸 증명이라도 하려는 듯 장난스럽게 물었다.

"글쎄요? 아참, 광장 주변 상점들의 간판에 영어가 쓰여 있었어요."

"사람들은 동남아인들인데 간판은 영어라 … 필리핀이네!"

세상에 필리핀이라니, 분명 개꿈이었다.

아내가 가끔 꿈이나 환상을 통해 하나님의 계시를 받아왔다는 사실마저 부정하고 싶지는 않았지만, 그렇다고 아내의 모든 꿈을 어떻게 하나님의 계시라고 할 수 있겠는가?

"하나님께서 당신이 필리핀으로 떠나길 원하시는 것 아닐까요?"

피하고 싶은 아내의 결론을 예상은 했지만 막상 그 말을 듣고나니 마음이 상했다.

나를 사랑하는 하나님이 그럴 리 없었다.

꿈은 해몽이 중요한 법, 아내의 꿈은 자신의 남편이 영향력 있는 목회자가 되기를 바라는 평소 잠재의식의 드라마적 영상으로 해석할 수 있었다. 꿈이라는 스크린에 펼쳐진 단순한 자기욕망의 상영, 대충 그런 것이었다.

그러한 해석에는 나 나름의 합리적 이유가 있었다.

나는 그동안의 한국 목회를 정리하고 미국 캘리포니아에 있는 한 교회의 초청을 받아 도미를 코앞에 두고 있었다.

그 교회는 예배당은 하나지만 교회는 두 개인, 조금 생소하고 독특한 형태의 미국인교회였다. 오전에는 미국인 학생들이 예배를 드리고 오후에는 한인교회가 세를 얻어 예배를 드린다고 했다.

다행히 두 교회 모두로부터 초청을 받았고 사역을 하는 동안 박사과정을 이수할 수 있도록 배려해 주겠다는 통보까지 받았다.

단순한 행정절차만 남겨둔 상태였다.

그러니 아내의 꿈은 당연히 개꿈일 수밖에 없었다.

검증되지 않은 개꿈 하나 때문에 도미를 포기하거나 수정할 수 없었다.

세계 최고의 기독교 국가에서 현지인교회와 한인교회를 공동사역하면서 박사과정까지 이수할 수 있는 일생일대의 기회를 던져버릴 수 없었다.

이런 나를 필리핀으로 가라니… 좋으신 하나님이 절대 그럴 리 없었다.

미국으로 건너가 마음껏 신학과 다른 학문들을 공부하고 다시 한국에 돌아와 신학교 교수로 일하면서 후학들을 양성하고 싶은 나의 꿈을 하나님이 모를 리 없었다.

하나님은 당신의 자녀가 잘 되길 바라는 아버지다.

안전하고 평안하고 행복하길 바라는 아버지다.

아들이 생선을 달라고 하는데 뱀을 줄 아버지가 어디에 있겠는가?

필리핀은 아니었다.

필리핀 선교사로 갈 작정이었다면 어렵게 석사 학위를 할 필요도 없었다.

대학생활 내내 도서관에 틀어 박혀 수천 권에 달하는 방대한 영어 원서를 탐독할 필요도 없었다.

내 생각에는 '고작' 필리핀 선교사로 가기에는 '내가' 아까웠다.

아내의 꿈은 분명 개꿈이었다.

그런데 왜?

사력을 다해 개꿈이라고 밀어붙이면서도, 한낱 개꿈에 온 마음을 송두리째 빼앗기고 있었던 것일까?

"네가 나의 종이냐?"

온 종일 거리를 서성였다.

백화점 쇼윈도를 멍하니 바라보거나 서점에 들러 관심도 없는 책을 뒤적였다. 하지만 '필리핀'이라는 단어는 밀쳐내려 하면 할수록 머릿속에 큰 소용돌이를 일으키며 점점 더 선명해져 갔다.

나는 끈끈이에 붙은 파리처럼 허둥거렸다.

나는 아내를 알고 있다.

그녀의 깊은 영성을 알고 있다.

늘 하나님과 교통하는 아내의 기도생활을 너무도 잘 알고 있다.

아내의 환상과 꿈을 통한 주님의 계시와 인도를 수없이 보고 체험했다.

심지어 우리의 결혼도 그랬다.

그것이 문제였다.

다음날 새벽, 또다시 아내가 어깨를 조심스럽게 흔들었다.

"여보, 같은 꿈을 또 꾸었어요."

부담감이 내 목덜미를 강하게 짓눌렀다.

"더 이상 머리 복잡하게 하지 마!"

방문을 열고 밖으로 나갔다.

밤새 꽁꽁 얼었던 새벽공기가 폐부를 아프게 찔렀다.

미국으로 가고 싶었다.

마음껏 공부하고 싶었다.

지겨운 가난과 배고픔, 불안정한 생활로부터 벗어나고 싶었다.

위대한 신학자로 우뚝 서 다시 한국으로 돌아오고 싶었다.

필리핀으로는 절대, 비록 그것이 하나님의 뜻이라 할지라도, 떠나고 싶지 않았다.

"주님, 아니지요? 아니지요? 절대 아니지요?"

강하게 손사래를 치며 주님의 동의를 구했다.

하지만 주님은 침묵하셨다.

두 손을 주머니 깊이 찔러 넣은 채 밤늦게까지 낯선 거리를 방황했다.

손을 빼면 하나님은 분명 손에 든 미국행 티켓을 내놓으라고 말씀하실 것이 뻔했다.

요나에게 그랬던 것처럼 내가 원치 않는 곳으로 가라고 말씀하실 것이 분명했다.

니느웨로 떠나라고 명령하실 것이 자명했다.

불안한 하루를 보냈다.

누웠지만 잠이 오지 않았다.

뒤척이다 새벽을 맞았다.

아내가 어깨를 강하게 흔들었다.

'올 것이 왔구나!'

가슴이 덜컹 내려앉았다.

"여보, 하나님께서 필리핀으로 떠나라고 명령하고 있어요!"

아내의 목소리는 확신에 차 있었고 쉽게 거부할 수 없는 위엄까지 서려 있었다.

나는 풀죽은 목소리로 항변했다.

"내가 미국으로 가야 한다는 것은 당신이 더 잘 알잖아? 당신은 아내가 되어서 어찌 남편을 필리핀에 못 보내서 안달이야. 내가 그곳에 도착하자마자 괴한들에게 총이라도 맞아 죽었으면 좋겠어?"

애원에 가까운 협박에 물러설 아내가 아니었다.

"목사님! 당신은 목사가 되어서 어찌 그렇게 믿음이 없으세요?"

아내가 정색을 하며 언성을 높였다.

그랬다.

나는 목사였다.

믿음 없는 목사였다.

정통으로 어퍼컷을 맞은 것이었다.

링 바닥에 그대로 녹다운 된 나는 손을 내밀어 협상을 청했다.

"여보, 함께 기도해 줘. 필리핀으로 떠나는 것이 주님의 확실한 명령이라면 나에게도 동일하게 응답하실 거야."

제법 목사다운 말이었다.

아내와 나는 즉각 기도하기 시작했다.

새벽 4시였다.

5시가 지나고 6시, 7시, 8시, 9시가 지나도록 아무런 응답이 없었다.

나는 속으로 쾌재를 불렀다.

'그럼 그렇지, 역시 개꿈이었어!'

빨리 승리의 팡파르를 울리며 자리에서 일어나고 싶었지만 승복을 받아내기에는 다소 짧은 시간이었다.

더구나 자칫 경거망동을 하다가는 20일 또는 40일 금식기도 제안을 받을지도 모를 상황이었다.

확실히 승기를 잡기 위해 조금 더 엎드려 있었다.

오전 10시쯤 되었을까?

어디선가 큰 군중의 함성이 들렸다.

알아들을 수 없는 언어였다.

큰 바닷가에 서 있는 듯 계속하여 함성이 파도처럼 밀려왔다.

이유 없이 눈물이 왈칵 쏟아졌다.

아내가 눈치채지 못하도록 눈곱을 떼는 척하면서 얼른 눈물을 훔쳤다.

정말 한심한 목사였다.

함성소리는 한동안 더 계속되었고 그 소리를 들을 때마다 눈물이 쏟아졌다.

아내 몰래 눈물을 훔치느라 몹시 곤혹스러웠다.

주님의 응답이 시작된 것임을 금방 감지할 수 있었다.

그렇다고 당장 일어나 필리핀으로 가겠다고 순복할 수 없었다.

다급하게 하나님께 협상을 청했다.

'미국이 마음에 안 드신다면 영국으로 가겠습니다.'

응답이 없었다.

'독일은 어떻습니까?'

주님은 침묵으로 일관했다.

오기가 생겼다.

작은 미동도 없이 바닥에 엎드려 있었다.

시간은 다음날 새벽 한 시를 넘고 있었다.

육신은 피곤으로 지쳐갔다.

그때, 또렷한 주님의 음성이 들렸다.

"네가 나의 종이냐?"

아니었다.

주인이었다.

나의 판단과 의지로도 충분했다.

결정권은 나에게 있었다.

하나님은 내가 결정한 것을 도우면 그만이었다.

나는 종이길 원치 않았다.

주인이길 원했다.

하지만,

아이러니한 것은 나는 단 한 번도 내가 주의 종임을 의심해 본 적이 없었다는 것이다.

"Why me?"

하나님께서 물으신다.

"네가 나의 종이냐?"

나는 서슴없이 고백한다.

"당신의 종입니다."

하나님은 기뻐하며 말씀하신다.

"아들아! 너의 삶 전체를 드려라."

대답하지 못한다.

다시 주님이 재촉하신다.

"너의 모든 것을 드려라."

나는 속옷 깊숙이 찔러두었던 한 가지를 삐죽이 꺼내들며 묻는다.

"주님, 이것만은 아니지요?"
하나님은 말씀하신다.
"그것을 드려라."

아브라함이 묻는다.
"이삭만은 아니지요?"
하나님은 대답하신다.
"이삭을 드려라."
내가 묻는다.
"주님, 미국행 티켓만은 아니지요?"
하나님은 분명하게 명령하신다.
"미국행 티켓을 드려라."

나는 머뭇거린다.
주님이 다시 물으신다.
"네가 나의 종이냐?"
주저하며 고백한다.
"당신의 종입니다."
주님이 말씀하신다.

"순종하라!"

순종은 '이것만은 아니지요?'라며 묻고 있는 바로 그것을 드리는
행위였다.

절대 드릴 수 없다며 고집스럽게 움켜쥐고 있는 것을 드리는 행위
였다.

그것을 드리면 더 이상 자랑할 것이 없는 것을 드리는 행위였다.

그것을 드리면 더 이상 의지할 것이 없는 것을 드리는 행위였다.

그것을 드리면 소망조차 사라져버리는 바로 그것을 드리는 행위
였다.

순종은 하나님을 주인으로 인정하는 고백이었다.

주님만을 자랑삼고, 주님만을 의지하며, 주님께만 소망을 두고 살겠
다는 결단이었다.

하나님은 삶 전체를 드리는 진정한 순종을 요구하고 계셨다.

"주님, 순종하겠습니다."

그 순간, 성령이 폭풍처럼 몸과 영을 관통하여 지나갔다.

온 몸은 마치 전류에 감전이라도 된 듯 심하게 떨고 있었다. 영과 혼
은 촛농처럼 흔적 없이 녹아 내려 주의 보좌로 흘러들었다. 그 위로 부
드러운 바람이 불어왔다. 하나님의 숨결이었다. 마음 가득 주의 사랑
이 번져나갔다.

나는 감격에 겨워 크게 소리 내어 울었다.

눈물이 폭포수처럼 쏟아졌다.

눈곱을 떼는 척하며 아내 몰래 훔쳐낼 수 있는 눈물이 아니었다.

몸과 영과 혼을 모두 쏟아내는 간절한 기도를 오랫동안 드렸다.

기도가 끝나갈 즈음, 흐느끼며 주님께 물었다.

"왜, 나를 부르셨습니까?"

필리핀 선교사로 불러주신 그 큰 은혜를 도저히 감당할 수 없었다.

마닐라 공항

미국 교회에 전화를 걸어 그간의 사정을 이야기 한 후 갈 수 없게 되었다는 말을 전했다.

큰 배려를 받아둔 터였기에 더 미안했다.

미국으로 가기 위해 그동안 준비해두었던 서류는 쓰레기 뭉치가 되었다.

어제까지만 해도 더 없이 중요한 것들이었다.

결국 중요한 것과 중요하지 않은 것의 차이는 선택의 문제였다.

땅의 것을 선택하면 땅의 것이 중요하고 하늘의 것을 선택하면 하늘의 것이 중요한 법이었다.

하지만 중요한 것을 선택하는 것만으로 자신의 임무가 모두 끝났다고 생각하면 오해다. 중요한 것을 선택하였다고 하여 그 일이 술술 잘 풀릴 것이라고 생각하는 것은 더 큰 오해다.

나의 경험에 비추어 볼 때 오히려 그 반대인 경우가 더 많았던 것 같다.

필리핀을 선택한 것도 그 중 하나였다.

내가 필리핀으로 떠나기로 결정했을 때 하나님께서는 대충 뭐 이런 약속을 주시지 않을까 하고 내심 기대했었다.

"사랑하는 아들아, 나는 너의 순종을 오랫동안 기다렸다. 너의 순종에 대한 복은 다음과 같다. 우선 20개의 후원교회를 주겠다. 그 교회들은 매달 2,000만원의 선교비를 보낼 것이다. 필리핀 현지에는 수천 명의 성도들을 이미 준비해 두었다. 그들은 간절히 추수를 기다리고 있다. 물론 교회와 선교센터, 신학대학을 건립할 수 있는 후원금도 몇몇 장로들을 통해 수십억 규모로 조성해 두었다. 여기 통장과 도장, 그리고 비밀번호가 있다. 이 모든 것이 너의 것이다. 땅의 것을 버리고 하늘의 것을 선택한 너에게 주는 선물이다."

하지만, 출국하기 전날까지 그 어떤 것도 얻지 못했다.

"여보, 항공권은 예약됐어?"

아내는 말이 없었다.

나는 그 침묵의 의미를 알았다.

돈이 없었다.

미국으로 갔다면 교회에서 숙소와 생활비, 학비까지 보조해 주기로 했을 뿐 아니라 항공권까지 보내주기로 한 터였기에 돈 걱정을 해보지 않았다.

하지만 오라는 곳도 없고 아는 사람도 없는 필리핀은 사정이 달랐다.

모든 것을 내가 해결해야 했다.

"우리 함께 책을 써 봐요."

아내는 유능한 연출가이자 극작가였다.

그날부터 항공권 마련을 위한 집필이 시작되었다.

꼬박 3일 밤을 새워서 원고가 완성되었다.

아내는 그동안 친분을 쌓아둔 출판사를 찾아가 사정을 이야기 한 후 원고료를 우선 지급해 달라고 부탁했다.

출판사 대표는 아내의 딱한 사정을 생각해 원고료 전액을 주었다.

1992년 1월31일, 김포공항으로 가는 버스에 올랐다.

아침부터 눈이 내렸다.

이제 막 다섯 살이 된 딸 샬롬은 처음 보는 신기한 바깥 풍경에 기분이 들떠 연신 재잘거리며 재롱을 부렸다.

그 말간 웃음이 그대로 아픔이 되었다.

공항이 가까워지자 창밖만 바라보던 아내가 조용히 봉투 하나를 건넸다.

"여보, 이 안에는 비행기 티켓 두 장이 들어 있어요. 한 장은 출국용이고 한 장은 귀국용이에요. 하지만 귀국용은 1년 뒤에나 돌아올 수 있도록 했어요. 당신이 필리핀에서 순교한다면 저에게는 큰 영광이 될 거에요."

그리고 연이어 또 하나의 봉투를 내밀었다.

"이 봉투에는 400달러가 들어 있어요. 혹시 그 돈이 몽땅 떨어진다고 해도 절대 1년 내에 다시 한국으로 돌아오면 안돼요. 필리핀으로 가라고 명령하신 주님께서 채워주실 거예요. 물론 우리 또한 먹을 것도 월세도 없지만 너무 걱정 마세요. 하나님이 계시잖아요. 저는 그분의 신실하심을 믿어요."

말없이 아내의 손을 꼭 잡았다.

어느 덧 공항에 도착했다.

"아빠, 빨리 와."

대합실에 들어서자 보이는 모든 것이 신기했던지 샬롬은 종종걸음을 치며 이곳저곳으로 내 손을 잡아끌었다.

그 예쁜 손을 억지로 떼어내고 떠날 수 없었다.

"화장실 다녀올게. 여기서 엄마랑 기다려라아."

샬롬을 힘껏 안았다.

"아빠, 아빠, 따가 따가. 빨리 갔다 와."

샬롬 뒤에 선 아내의 눈은 붉게 충혈 돼 있었다.

짧은 포옹이라도 나누고 싶었지만 그것조차 허락되지 않았다.

마음 놓고 울지도 안아주지도 못하는 아프고 슬픈 이별의식이었다.

8시 55분 노스웨스트 항공 저녁 마닐라 행 비행기의 탑승을 알리는 안내방송이 울리고 나는 그렇게 한국을 떠났다.

필리핀 마닐라 공항, 기상사정이 좋지 않아 비행기는 2시간 넘게 연착되었다.

그 탓에 내가 탔던 비행기가 그날 마닐라 공항에 도착한 마지막 비행기가 되었다.

많은 사람들이 누군가를 마중 나와 있었다.

하지만 나를 맞으러 나온 사람은 단 한 명도 없었다.

하나 둘 승객들이 모두 떠났다.

더 이상 출국을 기다리는 사람들도 마중을 나온 사람들도 보이지 않았다.

그 큰 공항 대합실에 남은 것은 나 혼자였다.

대합실 의자에 앉아 가끔씩 오가는 공항 직원들의 눈치를 보고 있노라니 서러움이 파도처럼 밀려들었다.

김포공항에서 가족들과 헤어지며 느꼈던 슬픔은 호사에 가까웠다.

누군가의 신발에 강하게 짓밟혀 대합실 구석에 버려진 빈 깡통처럼 한국을 떠날 때의 열정과 의지는 급격히 위축되었다.

극도의 유기감에 빠져 있는 나의 입에서는 원망이 쏟아졌다.

'하나님, 나는 할 수 있는 것도 많고 갈 수 있는 길도 많았는데 왜 나를 이곳으로 던지셨습니까? 나는 갈 곳이 없습니다. 어디로 가야 합니까? 누구를 만나야 합니까?'

시간이 조금 더 지나자 대합실의 불마저 하나 둘 꺼지기 시작했다.

그때, 공항직원으로 보이는 한 남자가 나에게 다가왔다.

나는 얼른 지도책을 펴들었다.

어딘가 갈 곳이 있음을 보여줌으로서 직원의 경계심을 늦추고 싶었다.

공항을 폭파하러온 국제테러범으로 오해를 받을 수도 있겠다는 엉뚱한 상상을 하며 발자국 소리가 더 가까워질수록 손가락으로 지도를 짚어가며 목적지도 없는 길 찾기에 집중했다.

발자국 소리가 멈추었다.

나는 반사적으로 남자의 얼굴을 처다보았다.

한국 나이로는 60대 초반으로 보였는데 필리핀 나이로는 50대 초반일수도 있겠다는 생각을 했다. 외국인들의 얼굴을 보며 나이를 가늠하기란 그리 쉽지 않기 때문이다.

"방문지가 어디입니까?"

따갈로그어 발음과 억양이 강하게 섞인 그 남자의 목소리에는 한국 시골인심을 연상케 하는 친절이 묻어났다.

"어디로 가야 할지 모르겠습니다."

순간적으로 느낀 짧은 친절 때문에 나도 모르게 내 속마음을 이야기하고 말았다.

"공항생활 30년 동안 어디로 가야할지 모르겠다고 말하는 분은 처음 봅니다."

남자는 재미있다는 듯 환한 미소까지 지었다.

"조금 있으면 공항 문을 닫습니다. 저와 가깝게 지내는 택시기사가 가까운 숙소로 안내해 드릴 것입니다."

그는 잠시 공항 밖 계단 위로 사라졌다.

아마 택시를 부르기 위해 택시들이 있는 곳으로 간 것 같았다.

잠시 후 다시 나타난 남자는 나를 공항 밖 택시 승강장까지 직접 안내해 주었다.

고마운 마음에 팁을 내밀었지만 정중하게 사양했다. 진심어린 친절을 지폐 한 장으로 보상하려 했던 경솔한 손이 오히려 부끄러웠다.

공항 남자와 나는 함께 여행이라도 온 친구처럼 다정하게 서서 택시를 기다렸다.

"필리핀은 코트가 필요 없는 나라죠. 연평균 기온이 26도입니다. 겨울 시즌인 2월의 기온도 25도 내외로 따뜻합니다."

공항 남자는 내가 아직도 겨울 코트를 입고 있다는 사실을 넌지시 알려주었다.

그러고 보니 공항 밖의 기온은 한국의 초여름과 비슷했다.

나는 극도로 위축돼 따뜻해진 기온의 변화마저 감지하지 못하고 있었다.

말라테에서 파코까지

택시가 도착했다.

공항 남자는 여행 가방을 트렁크에 실어주는 친절까지 베풀었다.

내가 택시에 오르고 난 후에도 공항 남자와 택시기사는 따갈로그어로 한참동안이나 더 이야기를 나누었다.

일상에 관한 평범한 이야기를 나누는 것 같았지만 무슨 말인지 한마디도 알아들을 수 없었다. 하지만 가끔 나를 가리키며 대화를 나누는 것으로 보아 잘 데려다주라고 부탁하는 것 같기도 했다. 또한 내가 묵을 적당한 숙소를 서로 의논하는 것 같기도 했다.

얼마 후 택시가 출발했다.

나는 공항 남자가 보이지 않을 때까지 손을 흔들어 보임으로 그가 베푼 친절에 대한 고마움을 표했다.

택시가 공항을 빠져나오자 머리를 시트에 기댄 채 잠시 눈을 감았다.

공항에서 느꼈던 좌절과 유기감이 피곤이 되어 몰려왔다.

20분쯤 달렸을까?

택시가 숙박업소로 보이는 어느 건물 앞에서 멈추었다.

택시기사는 잘 알아들을 수 없는 심한 따갈로그어식 영어로 그곳이 마닐라의 말라테 지구임을 알려주었다.

지금은 말라테 지구가 마닐라 최고의 관광지로 잘 정비되어 있고, 관광객들을 대상으로 지어진 깨끗한 펜션들도 쉽게 찾아볼 수 있지만 당시의 그곳은 아주 허름한 숙박시설로 가득한 곳이었다.

택시가 떠나자 나는 또 혼자였다.

커다란 여행 가방을 든 채 낑낑거리며 여관 안으로 들어갔다.

내부는 한국의 여인숙 보다 더 허름하고 불결했다.

하지만 숙박시설의 수준을 논할 때가 아니었다.

방이 없었다.

얼른 옆집을 찾아갔지만 방이 없기는 마찬가지였다.

설마 설마하며 그 근방에 있는 모든 숙박업소를 찾아다녔다.

그러나 그 많은 말라테 지구의 여관들 가운데 나에게 방을 내 줄 곳은 단 한 곳도 없었다.

가는 곳마다 만실이었다.

비행기가 연착된 데다 공항에서 너무 긴 시간을 지체한 탓이었다.

누구도 원망할 수 없었다.

이마에는 허탈한 땀방울이 송글송글 맺혔다.

나는 숙소 찾기를 포기하고 택시에서 내렸던 그 장소로 돌아갔다. 가방을 깔고 앉아 멍하니 도로를 지나다니는 차들의 전조등 불빛을 응시했다.

그때 택시 한 대가 빠르게 오더니 브레이크 마찰음을 내며 내 앞에 섰다.

고개를 돌려 택시 안을 보니 공항에서 말라테까지 태워주었던 그 택시기사가 나를 향해 손을 흔들고 있었다.

마치 예수님이 손을 흔들고 있다는 착각이 들었다.

너무 반가워 눈물을 흘릴 뻔했다.

벌떡 일어나 가방을 들었다.

택시기사는 내가 다시 불러 돌아온 사람처럼 자연스럽게 가방을 받아 트렁크에 실었다.

나는 택시기사보다 더 빠르게 택시에 올랐다.

잠시 후 입은 연 그의 말은 나를 얼마나 염려해서 돌아온 것인지 가늠하게 했다.

"지금 시간이면 숙소를 쉽게 찾지 못했을 것 같아 다시 돌아왔습니다. 이곳 말라테의 밤은 아주 위험합니다. 갱스터와 마약이 판을 치는 곳이죠. 집으로 돌아가려는데 마음이 불편하더군요."

순간, 눈물이 핑 돌았다.

나는 두 번째 사랑의 빚을 지고 있었다.

택시기사는 나를 위해 또다른 숙소를 찾기 시작했다.

그를 만나니 시원한 밤공기가 쏟아져 내려오는 것 같았다.

한껏 기분이 안정되었다.

택시기사는 보다 안전한 파코 팬션(Pagcor Pension)을 잘 알고 있다고 설명해주었다.

마닐라 남쪽에 위치한 말라테 팬션(Malate Pension)보다는 그나마 조금 나은 숙박시설이 있는 지역으로 가는 것이라며 이방인인 나를 안심시켰다.

택시기사는 짐까지 들어주며 이번에는 직접 여관까지 잡아주었다.

그 공항 남자와 택시기사의 친절은 지금까지도 내게는 생생한 간증으로 남아있다.

여관 내부는 말라테 팬션의 그것과 크게 다르지 않았다.

하루 숙박비는 한국 돈으로 2,000원 가량이었다.

방은 좁았고 땀에 찌든 짠내가 진동했다.

그래도 감사했다.

공항 대합실과 말라테 지구에서 방황하던 생각을 하면 가방을 베개 삼아 두 다리 쭉 뻗고 누울 수 있는 곳이 있다는 것만으로도 감사했다.

간단하게 도착예배를 드린 후 불을 끄고 누웠다.

"찌직~찍~찍."

쥐 소리였다.

얼른 불을 켜 소리가 나는 곳을 보았다.

크고 검은 놈 몇 마리가 황급히 쥐구멍으로 사라졌다.

별일 아니라는 듯 불을 끄고 누웠다.

하지만 쥐 소리 때문에 쉽게 잠을 이룰 수 없었다.

가슴을 다독이며 천정을 향해 중얼거렸다.

"여기는 필리핀이다."

"나는 필리핀 선교사다."

"필리핀 여관에는 쥐도 세 들어 산다."

2600페소의 증발

필리핀에서 첫 아침을 맞았다.

배가 고팠다.

먹을 것을 사기 위해서는 달러를 페소로 환전해야 했다.

여관 주인에게 은행의 위치를 알려달라고 부탁했다.

중년의 여관 주인은 은행에서 환전을 하면 1달러에 24페소를 받지만 아뜨리아띠꼬 거리에 가면 27페소를 받을 수 있다고 귀띔해 주었다.

많은 필리핀 사람들이 나를 돕고 있었다.

'역시 하나님이 나를 이곳으로 보내셨구나.'

아뜨리아띠꼬로 가는 발걸음이 가벼웠다.

여관 주인의 말대로 거리 곳곳에 환전상들이 있었다.

그중에서 가장 후덕해 보이는 한 아주머니 앞으로 갔다.

"1달러?"

나는 동시에 손가락 하나를 펴 보였다.

"27페소."

벌써 따갈로그어식 영어에 익숙해진 탓인지 간단한 단어들은 쉽게 알아들을 수 있었다.

"노, 노, 30페소?"

"예스, 30페소."

신기하게도 한국식 재래시장의 거래방식이 필리핀에서도 그대로 통했다.

"노, 노, 31페소?"

내친김에 더 힘을 냈다.

하지만 환전상 아주머니는 더 이상의 고공행진은 인정하지 않았다.

당시 환율 사정을 감안할 때 1달러 당 30페소면 아주 훌륭한 거래였다.

나에게 국제적인 흥정방식을 가르쳐 준 한국의 모든 시장 아주머니와 아저씨들에게 감사의 마음을 전하고 싶었다.

우선 100달러를 환전하기로 했다.

필리핀에서 3,000페소면 제법 큰돈이었다.

눈매가 선해 보이는 그 아주머니는 꼼꼼하게 3,000페소를 세어 나에게 건네주었다.

가까운 식당에서 식사를 하고 싶었지만 큰돈을 지닌 채 거리를 걸어 다니면 소매치기들의 표적이 될 수 있다는 경고를 들었던 터라 곧장 여관으로 돌아왔다.

무슨 첩보 작전이라도 수행하고 있는 비밀요원처럼 주위를 살핀 후 얼른 방안으로 들어가 문을 닫았다.

당장 한국의 아내에게 전화를 걸어 성공적인 첫 번째 사역을 보고하고 싶었다.

나는 아주 잘하고 있었다.

손과 어깨에 힘도 잡혔다.

일이 아주 순조롭게 진행될 것 같은 좋은 예감이 들었다.

주머니에서 환전한 돈을 꺼냈다.

행복한 마음으로 여유 있게 한 장씩 세었다.

400페소?

돈은 400페소가 전부였다.

당황한 나는 방문을 열고 밖으로 달려 나갔다.

하지만 나머지 2,600페소는 어디에도 떨어져 있지 않았다.

길에 떨어졌다고 하더라도 그 돈이 그대로 있을 리 만무했다.

정신 나간 사람처럼 거리 이곳저곳을 허둥거리며 아뜨리아띠꼬까지 갔지만 잃어버린 돈 2,600페소는 찾을 수 없었다.

지푸라기라도 잡으려는 심정으로 환전상 아주머니가 있던 곳으로 달려갔다.

혹시 그 아주머니가 돈의 행방을 알려줄지도 모르겠다는 막연한 기대감 때문이었다.

하지만, 후덕한 인상의 환전상 아주머니는 그 자리에 없었다.

윗옷이 땀에 다 젖도록 거리를 온통 다 뒤졌다.

돌고 돌다 어느새 나는 환전상 아주머니가 앉아 있던 그 자리로 다시 돌아와 서 있었다.

아주머니는 거리 어느 곳에도 없었다.

다급한 마음에 옆에 앉아 있는 다른 환전상에게 아주머니의 행방을 물었다.

그는 말없이 고개를 저었다.

공항에서 느꼈던 그 깊은 좌절감이 다시 밀려왔다.

울고 싶었다.

하지만 그대로 돌아갈 수도 없었다.

바닥에 털썩 주저앉아 그 환전상에게 방금 전에 겪은 사건을 넋두리처럼 털어놓았다.

증발해버린 2,600페소를 찾는 데 작은 단서라도 얻을 수 있을까 하는 마음 때문이었다.

"2,600페소가 도대체 어디로 사라진 것일까요?"

"아주 행운입니다."

환전상의 대답은 너무도 뜻밖이었다.

행운이라니 이해할 수가 없었다.

"100달러면 아무것도 아닙니다. 수백 달러 심지어 수천 달러까지 사기 당한 사람들이 많습니다. 100 달러면 행운이지요. 아주 운이 좋습니다."

그 환전상의 설명은 이랬다.

모든 환전상들이 그렇지는 않지만 몇몇 환전상들은 환전을 하러 온 사람들이 보는 앞에서는 정확한 금액을 센 다음 건네줄 때는 바람잡이들을 동원해 정신을 없게 만들어 아래 부분의 돈을 빼는 수법으로 일부를 가로챈다는 것이었다.

그러고 보니 내가 돈을 받을 때에도 두 명의 젊은 남자들이 갑작스럽게 다가와 큰 소리로 환율을 물으며 혼란스럽게 했던 기억이 났다.

결국 2,600페소는 도둑맞은 것이었다.

어깨를 축 늘어뜨린 채 여관으로 돌아왔다.

밥 생각도 나지 않았다.

100달러 정도니 행운이라는 그 환전상의 말도 전혀 위로가 되지 않았다.

100달러면 전 재산의 4분의 1이었다.

방문을 잠그고 힘없이 앉아 벽에 등을 기댔다.

원망이 가득 찬 푸념이 쏟아졌다.

"하나님, 그러기에 처음부터 필리핀으로는 안 가겠다고 말하지 않았습니까?"

"너무 비참합니다."

"아내가 너무 보고 싶고 그녀가 끓여준 된장국도 먹고 싶습니다."

"딸 샬롬도 안아보고 싶습니다."

"하나님 이게 뭡니까?"

"나는 실패했습니다."

"필리핀이 싫습니다."

나는 박넝쿨을 잃어버린 요나처럼 원망하고 또 원망했다.

"말씀을 받아먹으라"

불평을 하면 할수록 몸과 마음이 지쳐갔다.

벽에 기댔던 몸을 그냥 옆으로 눕혀 심통 난 새우처럼 몸을 바싹 웅크렸다.

로뎀 나무 아래의 엘리야처럼 참담한 심정으로 쓰러져 있었다.

얼마나 지났을까?

마음 깊은 곳으로부터 성령의 세미한 음성이 들렸다.

"말씀을 받아먹으라."

더 이상 불평할 힘도 없었다.

오히려 주님의 위로가 간절히 필요했다.

억지로 몸을 일으켜 성경을 손에 들었다.

우연히 펼쳐진 부분은 여호수아서 1장 9절이었다.

"내가 네게 명령한 것이 아니냐 강하고 담대하라. 두려워하지 말며 놀라지 말라. 네가 어디로 가든지 네 하나님 여호와가 너와 함께 하느니라 하시니라."

이어서 읽은 성경은 이사야서 43장 2절이었다.

"네가 물 가운데로 지날 때에 내가 너와 함께할 것이라. 강을 건널 때에 물이 너를 침몰하지 못할 것이며 네가 불 가운데로 지날 때에 타지도 아니할 것이요. 불꽃이 너를 사르지도 못하리니."

계속되는 성경은 요한복음 14장 1절이었다.

"너희는 마음에 근심하지 말라. 하나님을 믿으니 또 나를 믿으라."

근심하지 말라는 말씀을 읽는 순간에는 예수님께서 직접 내 앞에 서서 말씀하는 듯한 환상에 빠졌다.
말씀 한 구절 한 구절이 생생하게 살아 움직이기 시작했다.
하늘을 향해 난 큰문을 통해 놀라운 말씀들이 쏟아졌다.
말씀은 햇살처럼 밝게 빛났다.
나는 입을 크게 열어 그 말씀들을 그대로 받아먹었다.

"가서 너희를 위하여 거처를 예비하면 내가 다시 와서 너희를 내게로 영접하여 나 있는 곳에 너희도 있게 하리라."(요14:3)

나는 주님의 무릎에 앉아 그 위로의 말씀을 듣고 있었다.
주님은 내 머리를 부드럽게 쓰다듬으시며 계속하여 말씀하셨다.

"나를 믿는 자는 내가 하는 일을 그도 할 것이요. 또한 그보다 큰 일

도 하리니.”(요14:12)

엄청난 말씀을 감당할 수 없어 주님의 발 앞에 엎드렸다.

주님은 유대 땅에서만 복음을 전파하셨지만 나는 복음을 들고 세계 열방을 향해 나아갈 것이다.

땅 끝까지 이르러 주의 증인이 될 것이다.

나는 사명을 깨달았다.

왜 필리핀 땅에 와 있는지 알게 되었다.

작은 좌절 앞에서 사명마저 잊어버리고 허둥거렸던 모습을 회개했다.

“내 이름으로 무엇이든지 내게 구하면 내가 시행하리라.”(요14:14)

그랬다.

주님이 행하는 것이었다.

나는 주의 이름으로 구하기만 하면 되었다.

사역지도, 동역자도, 물질도 구하면 되었다.

모든 일을 시행하는 분은 주님이었다.

되돌아보니 내가 시행하려고 버둥거릴 때마다 나는 실패와 좌절의 깊은 늪에서 신음하곤 했었다.

내가 행하려 했던 모든 계획을 주님의 발 앞에 모두 내려놓았다.

주님은 어깨를 도닥이며 말씀하셨다.

"내가 너희를 고아와 같이 버려두지 아니하고 너희에게로 오리라."

(요14:18)

나는 더 이상 혼자가 아니었다.

초라한 이방인도 아니었다.

감사의 눈물이 하염없이 흘렀다.

감사의 찬양이 영혼 깊은 곳에서 흘러나왔다.

앙겔레스

1991년 6월 9일, 피나투보 화산이 폭발했다.

9천여 명의 주민이 화산재에 묻혀 죽었고 25만 명의 이재민이 발생했다.

그 피나투보 재앙의 중심에 있었던 지역이 마닐라 서북부에 위치한 앙겔레스다.

하나님은 화산재 가득한 그 앙겔레스 지역에서 필리핀 선교를 시작하도록 하셨다.

앙겔레스에 도착했을 때 첫 느낌은, 그야말로 폐허가 된 도시에 던져진 기분이었다. 그때까지도 여진은 계속되었고, 화산은 끊임없이 폭발하며 온종일 으르렁거렸기 때문이다.

　나의 사역은 다이아몬드서브디비전 내에 있는 앙겔레스바이블교회를 중심한 4개 교회를 담당하는 것과 3천500명의 화산난민이 집단으로 거주하는 사긴빅팀이바퀘이션센터에 교회를 개척하는 것이었다. 그것은 김동훈 선교사님의 사역을 이어받은 것이었다.

　당시 앙겔레스 시내에는 한국에서 영어를 배우러 온 학생과 목회자들이 몇 명 있었다. 나는 그곳에 있는 형제들과 함께 찬양 팀을 꾸려 노방전도를 다니기도 했었다.

　하지만, 굶주린 그들에게 당장 필요한 것은 음식이었다.

　가져온 400달러는 금방 바닥이 났다.

　급기야는 나도 먹을 것이 없는 지경에 이르렀다.

　그곳은 지독한 광야였다.

　한번은 닷새를 굶었다.

　너무 배가 고파 밥을 얻어먹으러 간 일이 있었다.

　내가 찾아간 곳은 영어공부를 위해 필리핀에 온 선교사 부부의 집이었다. 그 집은 앙겔레스 시 중앙에 있는 빌라 테레사라는 마을에 있었다.

　일부러 저녁식사 훨씬 전에 그 집에 도착했다.

　며칠을 굶고 허기진 나는 사모님이 준비해줄 식사를 학수고대하였다.

　배는 수치스럽게 자꾸 꼬르륵 소리를 내고 있었다.

　해는 저물고 달이 뜨며 어두워지기 시작했다.

저녁시간이 훨씬 지나도록 저녁식사는 대접 받을 수 없었다.

물론 그 선교사 부부는 내가 밥을 얻어먹으러 온 것을 모르고 있었던 것이다.

아무것도 먹지 못한채 골목길을 지나올 때 현지인들은 낯선 이방인을 흘끔거렸다.

배고픔은 하나님을 향한 원망이 되었다.

광야를 걷는 동안 하나님의 은혜와 현존을 순간순간 경험하면서도 끝없이 원망하고 불평했던 이스라엘 백성들의 모습이 곧 나의 모습이었다.

집 벽에 기대어 앉아 하늘을 보며 원망을 쏟아냈다.

"하나님, 왜 저에게는 아무것도 안 주시고 기도만 하라고 하십니까?"

중천까지 떠오른 달을 보고 있는데 그 달 속에 딸아이의 모습이 보였다.

지나치게 허기가 지면 헛것이 보인다더니 그 말이 꼭 맞았다.

딸아이가 말했다.

"아빠, 빨리 와."

그동안 참아왔던 눈물이 왈칵 쏟아졌다.

그 순간, 당장 한국으로 돌아가고 싶었다.

그때 딸아이의 옆에서 조용히 무릎 꿇고 기도하는 한 여인의 모습이 보였다.

아내였다.

그녀는 이렇게 기도하고 있었다.

"주님, 나의 남편이 그리스도의 심장을 가지고 순교자의 반열에 오르기까지 주의 사명을 감당할 수 있도록 도와주세요."

꿈속에서라도 만나고 싶었던 아내의 모습이었지만 그녀의 기도는 나를 절망으로 밀어 넣고 있었다.

나는 당장이라도 돌아가 가족들과 만나 행복한 삶을 살고 싶은데 아내는 그때까지도 순교의 기도를 올리고 있었던 것이다.

하나님에 대한 원망은 아내에 대한 원망으로 바뀌었다.

"당신은 내가 당장이라도 죽었으면 좋겠소?"

그때 성령께서 말씀하셨다.

"오른쪽 하늘을 보아라."

별이 빛나는 밤하늘에는 8살 정도의 소년이 새벽기도를 드리고 있었다.

그 새벽기도는 1년이 지나고 2년이 지나고, 10년이 다 되도록 계속되었다.

하루도 빠짐없이 계속되었다.

소년은 어느덧 청년이 되었다.

10년 동안 그가 드린 기도는 한결같았다.

"하나님, 온 민족과 온 나라가 두 손 들고 주님께 돌아오는 세계 대부흥을 주옵소서. 그 부흥을 위해 내가 쓰임 받게 하옵소서."

성령께서 물으셨다.

"이 아이가 누구냐?"

나는 대답하지 못하고 눈물만 흘렸다.

그것은 바로 나였다.

나는 내가 드렸던 그 새벽기도를 잊고 있었다.

까맣게 잊고 있었다.

나의 그 기도를 기억하고 계신 분은 주님이었다.

성령께서 말씀하셨다.

"나는 너의 기도를 듣고 그 기도를 시행하기 위해 너를 이곳으로 보냈는데 왜 원망하느냐? 너의 기도는 반드시 이루어질 것이다."

하나님은 아주 오래전부터 나의 필리핀 선교를 예정하고 계셨었다.

나를 연단하고 훈련시켜 세계 대 부흥을 준비하도록 하기 위한 치밀한 계획을 준비하고 계셨었다.

그 엄청난 비밀을 깨닫자 바로 그 골목길에서 꼬꾸라졌다.

지나가던 사람들은 아마도 내가 미쳤다고 생각했을 것이다.

나는 통곡하면서 진정한 결단의 기도를 드렸다.

"하나님, 이제는 정말 주님이 명령하는 대로 순종하겠습니다. 내가 이해되지 않아도 가라면 가고 서라면 서고 앉으라면 앉고 일어서라면 일어서겠습니다. 자라면 자고 깨라면 깨겠습니다. 먹으라면 먹고 굶으라면 굶고 마시라면 마시고 마시지 말라면 마시지 않겠습니다. 나의 가고 멈춤이, 나의 앉고 일어섬이, 나의 풍요와 궁핍이, 나의 생명이 주님께 있기 때문입니다."

마기라면

마닐라는 그 도시를 주변으로 한 수도권 인구가 1,200만 명이 넘을 만큼 큰 대도시이지만 빈부의 격차가 아주 심하다.

호화로운 고층빌딩과 주택가가 있는가 하면 동양에서 가장 못사는 사람들이 사는 빈민층의 슬럼가도 있다.

하나님은 닷새 굶식(?) 끝에 일어난 순종의 결단기도 후 마닐라 근교에 위치한 슬럼가 바또바또 마을에서 개척교회를 시작할 수 있도록 하셨다.

그곳은 쓰레기로 가득한 지독한 슬럼가였지만 선교사에게 사역지가 정해졌다는 것은 너무나 행복한 일이었다.

또한 한국 돈으로 매달 7만원의 후원금도 보내주셨다.

그것은 내가 받은 최초의 후원금이었다.

더 큰 선물은 아내와 딸아이를 필리핀으로 보내 함께 생활할 수 있도록 허락하셨다는 것이다.

1992년 8월이었다.

필리핀의 우기는 6월부터 시작돼 11월에 끝난다.

그날도 온종일 비만 내린 날이었다.

저녁식사를 하기 위해 나와 아내, 딸아이가 한 상에 둘러앉았다.

메뉴는 마기라면이었다.

마기는 한국 라면의 3분의 1 크기였다.

아내는 큰 냄비에 마기 반쪽을 넣고 간장을 타 간을 맞추었다.

내가 식사를 위한 대표기도를 했다.

기도 중에 성령께서 물으셨다.

"이 음식에 감사하느냐?"

나는 성령에 감동되어 뜨거운 감사의 기도를 드렸다.

그냥 물만 먹는 것보다 간장이라도 타서 먹으니 너무나 감사한 일이라는 감동이 밀려왔다.

간장을 탄 물에 마기라면을 반쪽이라도 넣어서 먹을 수 있으니 보통 감사한 일이 아니었다.

더구나 사랑하는 아내와 딸아이와 함께 식사를 나눌 수 있으니 가슴이 벅차올라 1시간 반 동안 감사기도가 계속되었다.

라면은 퉁퉁 불어 냄비 안 가득해졌다.

오병이어의 기적이 따로 없었다.

그날 우리 가족은 정말 맛있게 마기라면 반쪽을 배불리 먹었다.

다음날, 잠시 비가 그쳤다.

나는 전도를 위해 어느 할머니 댁을 방문했다.

그 할머니의 집은 버려진 깡통을 주워다가 그것을 반으로 자르고 펴서 만든 집이었다. 얼핏 보면 쓰레기더미에 가까웠다.

집 안으로 들어서자 썩는 냄새가 진동했다.

나는 몇 년인지도 모를 오랜 세월 동안 단 한번도 제대로 씻지 않았을 그 할머니의 더러워진 손을 덥석 잡고 앉아서 예수님의 사랑과 구원을 전했다.

말씀을 다 들은 할머니는 벌떡 일어나시더니 부엌으로 가셨다.

말이 부엌이지 그냥 방 한 구석에 마련된 간이 주방이었다.

살림살이는 어디선가 주워다 놓은 작은 냄비와 그릇 몇 개가 고작이었다.

그 가난한 할머니는 빵과 커피를 내오셨다.

나는 볼품없는 빵과 연탄재 같은 커피를 대접받으며 감격하고 또 감격했다.

식사기도를 하기 위해 무릎을 꿇자 할머니의 영혼과 육체를 위한 진심어린 축복의 기도가 쏟아졌다.

할머니 집에 앉아 빵과 커피를 마시는 동안 그 집에 들어서면서부터 계속해서 내 코를 괴롭게 했던 썩은 쓰레기 냄새는 더 이상 나지 않았다.

식은 빵과 커피는 내가 이 세상에서 맛본 최고의 음식이었다.

할머니는 이 세상 어느 신부보다 더 깨끗하고 고운 주님의 신부로 환하게 빛났다.

또다시 방문하겠다는 말을 남기며 자리에서 일어나 집 밖으로 나왔다.

할머니는 따라 나오시며 내 손에 작은 종이 뭉치 하나를 꼭 쥐어주었다. 20 페소였다.

마기라면 10 봉지를 살 수 있는 돈이었다.

20 페소는 내게도 큰돈이었지만 할머니에게는 전 재산일 수도 있었다.

나는 20 페소를 오른 손에 꼭 쥐고 그 자리에서 하늘을 우러러 기도했다.

"하나님, 이곳에 나의 뼈를 묻겠습니다."

코코람바 나무 교회

그해 10월 경, 노방전도를 통해 예수님을 영접한 몇몇 성도들과 언덕 위 나무 밑에서 예배를 드리고 있었다.

그때 한 성도가 이 언덕의 땅을 빌려서 교회를 짓자는 제안을 했다.

흔쾌히 동의를 하고, 땅을 빌려 교회를 지으려 했지만 단 한 푼의 후원도 얻을 수 없었다.

무릎을 꿇자 주님의 음성이 들렸다.

"너의 가진 것 전부를 드려라."

우리는 집안 구석구석을 뒤져 팔 수 있는 것을 모조리 찾아내 돈으로 바꾸었다.

땅을 사용할 수 있는 돈을 지급하고 그 땅 위에 코코람바 나무를 쌓아 놓자 마음은 풍요로움으로 가득 찼다.

더욱 감사한 것은 그날 아침 일찍부터 마을 사람들이 삽을 들고 달려와 나무 기둥을 세우기 위해 땅을 파는 등 온종일 수고해 주었다는 것이다.

문제는 저녁 무렵에 발생했다.

하루 일과를 마치자 나를 빙 둘러싸고 일당을 내놓으라는 것이었다.

그들이 삽을 들고 아침부터 온 것은 교회 일을 돕기 위함이 아니라 돈을 벌기 위해서였다. 마을사람들의 형편을 알기에 이해를 못할 일도 아니었지만 줄 돈이 없었다.

교회 일은 봉사하는 것이라고 어렵게 설득해 돌려보냈다.

다음날 아침, 공사 현장에 나온 것은 파블로 형제 혼자였다.

하지만 우리는 포기하지 않고 교회를 지었고, 그해 12월 코코람바 나무로 만든 바또바또교회가 준공되는 감격을 맛보았다.

한번은 교인들이 매일 저녁 모여 기도하고 있다는 소식을 들었다.

교인들이 모여 매일 밤 기도한다는 것은 반가운 소식이지만 담임목사인 나에게 한 마디 상의도 없이 자기들끼리 모여 기도회를 연다는 것에 마음이 몹시 상했다.

하지만 그 성도들의 기도제목을 듣고는 회개의 눈물을 흘리지 않을 수 없었다.

"목사님, 우리는 나이가 많고 늙어서 영어를 배우기 어렵습니다. 그러나 목사님은 젊으시니 따갈로그어를 배울 수 있을 것입니다. 우리는 목사님이 따갈로그어로 설교할 수 있도록 해 달라고 매일 밤 하나님께 기도하고 있습니다.”

나는 그때까지도 내가 영어로 설교하면 통역자가 따갈로그어로 말하는 통역설교를 하고 있었다.

통역설교는 설교자나 교인들 모두에게 불편한 방법임에는 틀림이 없다.

나는 그날 당장 마닐라 시내에 있는 따갈로그어 학원에 등록했다.

그곳은 선교사들에게 따갈로그어를 가르쳐 주는 전문 학원이었다.

한달 보름쯤 지났을까?

학원 선생님이 더 이상 배우지 않아도 될 정도로 따갈로그어에 재능이 있다는 말에 용기를 얻어 통역자가 따갈로그어로 설교원고를 써주면 그것을 통째로 외워서 설교를 했다.

하지만 첫 따갈로그어 설교는 그야말로 죽을 쑤었다.

발음이 문제였다.

이제 갓 필리핀어를 배운 내가 그들의 그 독특한 발음을 따라 하기는 무리가 있었던 것이다.

설교가 진행될수록 성도들은 예배당이 떠나가도록 웃어댔고 나는 홍당무가 되어 금방이라도 설교단에서 내려가고 싶었다.

그렇게 형편없던 나의 따갈로그어 발음은 점차 원어민에 가까워져갔고 설교 또한 힘과 능력이 있어져갔다.

하지만 따갈로그어를 알게 되면서 나쁜 점도 생겨났다.

따갈로그어에도 한국어와 같은 존칭이 있는데 동네 아이들이 자기들 부모나 동네 어른들에게는 존칭을 사용하면서 나에게는 존칭을 붙

이지 않고 있다는 것을 알게 된 것이다. 그뿐 아니라 내 앞에서는 잘하
는 척하면서 돌아서서는 욕하고 거짓말 하는 그들의 이중성도 적나라
하게 보게 되었다.

한국에서 가끔 성도들을 위해 헌옷과 신발, 모자 등이 오는데 우리
는 그것을 예배당에 두었다가 필요한 사람들에게 나누어주곤 했다.

그런데 그 물건들이 조금씩 없어지는 것을 우리 부부가 알게 되었
고, 그 범인이 우리 교회에서 첫 집사 직분을 받은 마틴과 나무 교회를
지을 때 헌신적으로 봉사했던 파블로라는 사실도 밝혀내게 되었다.

파블로는 회개하고 가져갔던 옷과 신발을 돌려주었지만 마틴은 끝
까지 자기의 잘못을 시인하지 않았다.

그러나 우리는 마틴과 그의 아들이 입고 다니는 옷과 신발이 교회에
서 훔쳐간 것임을 한 눈에 알 수 있었다.

가슴이 아팠지만 마틴의 집사직책을 박탈할 수밖에 없었다.

그 일로 교회는 큰 혼란과 어려움을 겪었고 마틴은 교회를 떠나 마
약에 취해 살았다.

그 후 잠시 교회로 돌아오는 듯했으나 결국 온전히 회개하지 못한
채 사망했다.

교회의 크고작은 어려움은 끊이지 않았다.

당시 바또바또교회에는 전기가 없어 자동차 배터리를 가져다가 전
등과 마이크만 겨우 사용할 수 있었다.

그런데 마닐라 어느 대학의 교수님 아들이 무료로 전기를 설치해 주

는 고마운 일이 생겼다. 하지만 문제는 그 사람은 동생에게 아내를 빼앗긴 뒤로 극히 음란한 생활을 해왔고, 교회에까지 와서도 여자들만 보면 힐끔거렸다.

결국 그 남자는 다른 여자를 쳐다보고 다니다 그 여자의 남편으로부터 이딱이라고 불리는 긴 칼에 찔려 죽는 사건이 발생했다.

마을 주민을 모두 합쳐봐야 겨우 200명도 되지 않는 그 작은 동네에서 사건사고는 연일 이어졌다.

마를린이라는 자매는 깡통을 펴서 지붕을 만들고 겨우 합판으로 벽과 바닥을 만든 불결한 집에 살다보니 늘 극심한 피부병에 시달려야 했다.

그런데 하루는 교회 예배당에서 잠을 자고 있었는데 쥐가 발가락을 갉아 먹는 사고가 생겼다.

피부병이 심하다 보니 쥐가 발가락을 갉아먹고 있는데도 그 시원함 때문에 그냥 내주고 있었던 것이다.

다행히 한국에서 가져간 후시딘은 큰 효과를 발휘했고, 그 마를린 사건이후로는 한국에서 사람들이 올 때마다 피부병 연고를 부탁했다.

한국에서 온 피부병 약늘은 만병통치약으로 통했다.

필리핀 사람들은 순박하고 착한 편이지만 마약중독과 문란한 성문화로 가끔 소돔과 고모라를 연상시키기도 한다.

어느 날 오후, 아내는 여자 아이의 비명 소리를 듣고 뛰쳐나갔다.

아내가 비명소리가 난 장소로 달려갔을 때 그 집에서는 도저히 상상할 수 없는 일이 벌어지고 있었다.

14살짜리 여자 아이를 친아버지가 강간하려 하고 있었던 것이다.

아내의 제지로 그 여자 아이는 무사할 수 있었지만 그 이후가 문제였다.

아내는 일단 아이를 우리 집으로 데려왔다.

나중에 안 사실이지만 그 여자아이는 오빠와 삼촌으로부터 수차례 강간을 당해왔고, 친아버지의 성폭행도 그날이 처음이 아니었다.

하지만 돈을 벌기위해 나간 아이의 엄마는 낮에 집에서 벌어지는 그 끔찍한 일을 전혀 모르고 있었다는 것이다.

기형적인 필리핀의 가정구조는 힘없고 나약한 어린 여자들에게 매일 매일 지옥 같은 생활을 강요하고 있었다.

더 기가 막힌 일은 우리 교회에 나오는 몇몇 남자아이들조차도 마약에 취해 집단 강간을 자행하고 또 어떤 여자 아이들은 그런 마약과 혼음에 익숙해져 그 세계를 빠져나오지 못하는 상상할 수조차 없는 일이 버젓이 일어나고 있었다.

마약에 취한 친아버지가 갓난아이인 딸을 여자로 착각하여 강간을 하고 그 아이는 성기와 창자가 파괴돼 사망한 충격적인 사건을 보면서 한동안 나는 패닉 상태로 지내기도 했다.

하나님이 나를 필리핀으로 보낸 이유가 거기에 있었다.

정말 예수님이 필요한 사람들, 예수님의 사랑 없이는 단 한 올의 매듭도 스스로 풀 수 없는 사람들, 그들이 예수님의 복음으로 새 삶을 찾도록 해주어야 한다.

우리 부부는 매일매일 강간의 위험 속에서 살아가고 있는 여자아이들에게 안전한 쉼터를 만들어주고 그들에게 복음을 가르치고 교육의 기회를 만들어주는 작은 일부터 시작하기로 했다.

코코람바(coco lumber) 나무교회에 대한 따뜻한 추억도 많다.

리디아 자매의 남편인 도밍고 형제는 바또바또 마을의 옆 동네인 하빠이 나망가 마을에 사는 유명한 난봉꾼이었다.

그는 리디아 자매가 우리 교회에 나오는 것을 몹시 싫어해 교회에 갈 때마다 욕설과 구타를 일삼으며 심하게 핍박했다.

우리 성도들은 리디아 자매의 안전한 신앙생활을 위해, 그리고 도밍고 형제의 영혼구원을 위해 열심히 기도했다.

그러던 어느 날, 도밍고 형제는 세 친구와 술을 먹고 싸움을 벌인 끝에 온 몸이 칼에 찔려 병원으로 실려 가게 되는 사건이 있었다. 그날 싸움으로 두 명은 현장에서 즉사했다.

도밍고 형제는 생사의 갈림길에 서게 됐다.

리디아 자매와 우리 교회 성도들은 며칠 밤을 새워가며 간절한 중보의 기도를 드렸다.

하나님은 도밍고 형제를 살리셨다.

소문난 핍박자로 우리의 기도제목이었던 도밍고 형제, 그가 지금은 우리 교회의 가장 충실한 일꾼으로 봉사하고 있다.

바또바또교회 이야기를 하면서 프리미티바와 마리아, 두 할머니 집사님의 이야기를 빼놓을 수 없다.

당시 프리미티바 집사님은 77세, 마리아 집사님은 73세였다. 두 분은 모두 자식 없이 혼자 살았다.

프리미티바 집사님은 자식이 있었으나 하나는 암으로, 또 하나는 칼에 찔려 죽었다고 했다.

두 집사님은 매주 토요일마다 교회에 나와 예배당 구석구석을 청소했는데, 나는 그들이 청소할 때마다 걸레로 청소를 하는 것이 아니라 치마와 온몸으로 청소를 하고 있다는 생각을 하곤 했다.

우리 가족이 굶고 있을 때 빵과 커피, 그리고 쌀을 공급해 준 사람은 부유한 선교사 친구가 아니라 찢어지게 가난한 그들이었다.

양철과 판자로 엮은 집, 비가 오면 방안까지 물이 들어오는 그 가난한 집에서 대접 받았던 초라한 음식, 나는 아직까지도 그때 먹었던 그 빵과 커피보다 맛있는 음식을 먹어 본 적이 없다.

바또바또 마을은 쓰레기 매립장 주변으로 형성된 불법 거주 지역으로 과거 한국의 난지도와 같은 곳이었다.

우리 성도들은 다른 사람의 토지에 무허가 판잣집을 짓고 사는 사람들이 대부분이었는데 한번은 교회 근처에 살았던 프리미티바 집사님과 띠따, 깔로따, 빅토리아의 집이 철거를 당할 위기에 처하게 되었다.

당시 우리 마을 주변에서는 땅 주인들이 토지를 팔아 새로운 주택단지를 건설하는 붐이 막 일고 있었다.

하루아침에 집을 잃게 된 성도들은 망연자실했다.

우리는 매일 예배당에 엎드려 눈물로 기도했다.

하나님은 우리 교회에서 1시간 정도 떨어진 부둣가에 그들의 거처를 마련해 주셨다.

한번은 이런 일도 있었다.

사역한 지 3년쯤 지났을 때였다.

그날은 성도들과 편안하게 앉아 대화를 나누고 있었다.

이야기 중에 나는 필리핀 사람들이 외국인을 대할 때 겉으로는 친절하고 온화하게 상대하지만 외국인은 어디까지나 이방인일 뿐 오랜 시간 함께해도 한 가족으로 인정하려 하지 않는 경향이 있다고 지적했다.

성도들은 내말에 대체로 공감하면서 그것은 333년간의 스페인 지배와 미국, 일본의 통치를 겪으면서 자연스럽게 생긴 배타성이라고 설명해 주었다.

순간, 우리 성도들이 나를 어떻게 생각하는지 궁금했다.

외국인 선교사, 이방인 목사, 아니면 또 어떤 존재?

궁금증을 견딜 수가 없어 짓궂은 질문을 던졌다.

"저 대신 필리핀 목사님을 담임목사로 모시는 것이 어떻겠습니까?"

뜬금없는 말에 성도들은 모두 놀란 표정으로 나를 바라보았다.

그때, 눈치 빠른 마틴 집사가 크게 소리쳤다.

"목사님은 필리핀인의 심장을 가진 분입니다."

페드릭코 집사와 토니 집사도 외쳤다.

"우리에겐 목사님뿐입니다."

성도들은 합창을 했다.

"목사님은 필리핀 사람입니다."

"우리의 가족입니다."

나는 환하게 웃었다.

하지만 눈시울은 붉어지고 눈에는 눈물이 그렁그렁 맺혔다.

웃으면서 울었다.

목이 메어도 좋았다.

필리핀 사람이 되기 위해 애썼던 시간들이 주마등처럼 스쳐갔다.

나는 가장 행복한 목사였다.

산페르난도 리바이벌

당시 나는 바또바또교회를 섬기는 사역과 함께 필리핀 전역을 다니며 목회자들을 깨우는 세미나 사역을 병행하고 있었는데 특히 세미나 사역에서 큰 성령의 역사가 일어났다.

루손 섬 북부에 있는 산페르난도(San Fernando) 지역에서 목회자 세미나를 열 때였다.

그 지역의 세미나에도 필리핀 목회자와 한국인 선교사 수십 명이 참석했다.

나는 일주일간 세미나를 진행하고 그 다음 주에는 필리핀 목회자와 한국인 선교사 그리고 그 지역의 평신도를 섞어 3명씩 한 조를 짜 노방전도를 내보냈다.

당시 산페르난도 지역은 감기만 걸려도 약 한번 못 먹어보고 폐렴까지 발전해 죽음을 맞는 낙후된 곳이었다.

노방 전도 팀은 죽어가는 폐렴 환자들을 위해 눈물을 흘리며 기도했다.

기도가 끝날 때쯤 폐렴 환자는 기침이 멈추었고 더 이상 피를 토하지 않게 되었다.

놀라운 성령의 치유가 일어났다.

심지어 수십 년 동안 한 번도 걸어보지 못한 중풍병자가 벌떡 일어서는 기적도 일어났다.

기도하는 사람도 놀라고 병 나은 사람도 놀라고 구경꾼들도 놀랐다.

선교지에서는 성령의 긴박하고 강력한 역사가 빈번하게 일어난다.

사정이 이렇다보니 저녁 집회에는 수백 명의 사람들이 몰려왔다.

신앙에 대한 관심보다는 병 낫는 기적을 보기 위해 온 구경꾼들이 대부분이었다.

하지만 나는 그 구경꾼들 중에도 분명 하나님께 돌아올 영혼이 있다는 것을 확신했기에 온 몸이 땀에 젖도록 열정적으로 하나님의 말씀을 전했다.

단 1칼로리도 남겨두지 않고 모든 에너지를 쏟았다.

설교를 끝냈을 때, 나는 강단 의자에 쓰러지듯 앉았다.

성도들의 뜨거운 찬양이 귀에 윙윙거렸다.

완전 탈진상태였다.

그때 성령의 음성이 들렸다.

"찬양하는 저들을 위해 기도하라."

내게는 몸을 일으킬 힘조차 남아 있지 않았다.

"할 수 없습니다."

"저들을 위해 기도하라."

성령께서 다시 한 번 강권하셨다.

"도저히 할 수 없습니다. 저는 일어날 힘조차 없습니다."

결코 과장이 아니었다.

"저들을 위해 기도하라."

세 번째 주님의 음성이 들렸을 때, 나는 더 이상 거부할 수 없었다.

만약 이번에도 거부하면 이 후로 다시는 주님께 쓰임 받지 못할 것 같다는 두려운 생각이 들었기 때문이다.

나는 강대상을 의지하며 천천히 계단을 내려왔다.

달걀 모양의 환한 빛이 내 몸을 감쌌다.

그 빛은 눈을 떠도 보였고 눈을 감아도 보였다.

분명한 성령의 임재였다.

몸이 점점 뜨거워졌다.

나중에는 몸이 너무 뜨거워 오른손이 왼손을 만질 수 없을 정도였다.

성령은 불처럼 임했다.

성령의 불은 나의 불순종의 죄를 태우고 또 태웠다.

죄악을 태우면 태울수록 그 불은 활기찬 에너지가 되어 새 힘을 주었다.

성령은 물처럼 임했다.

시원한 생수의 강이 내 몸 중앙을 가로질러 끝없이 흘렀다.

탈진했던 내 몸과 영혼은 푸르게 소생되었다.

성령은 바람처럼 임했다.

내가 발을 내디딜 때마다 사람들은 뒤로 넘어졌다.

그것은 마치 폭격기가 융단폭격을 퍼부을 때 사람들이 쓰러지는 것과 같았다.

쓰러진 사람들은 통곡했다.

눈물과 콧물이 범벅이 된 얼굴을 감싸며 자신들의 죄를 회개했다.

성령께서 자신들의 죄를 낱낱이 보여주시는 듯했다.

나는 계속 걸으며 그들을 위해 기도했다.

그때 성령께서 큰 키의 한 필리핀 남자를 위해 특별히 기도하라고 하셨다.

나는 그에게로 다가갔다.

그는 예배당 안에서 벌어지고 있는 요란한 통회의 광경이 자신과는 전혀 상관없는 일인 듯 멀뚱히 안쪽을 바라보고 있었다.

나는 두 손으로 그의 어깨를 잡고 기도했다.

보다 정확하게는 성령의 말씀을 대언했다.

"너는 목사로서 어찌 부인을 두고 3번이나 간음했느냐?"

대언을 한 나도 그 말을 들은 그 목사님도 깜짝 놀랐다.

너무 놀라 정신을 차리고 보니 바로 그 목사님 옆에 사모님이 있었고, 그 사모님도 나의 대언을 듣게 되었다.

성령의 대언을 들은 목사님은 소리를 지르며 진동하더니 이내 쓰러졌다.

나는 자리를 이동하며 계속 기도했다.

하지만 내 생각은 온통 그 목사님께 가 있었다.

나의 대언으로 그 목사님 부부가 이혼할지도 모른다는 인간적인 걱정이 머리를 떠나지 않았기 때문이다.

모두를 위한 기도가 끝나고 강대상으로 돌아오려는데 그 목사님이 나를 불렀다.

목사님의 얼굴은 아직도 눈물과 콧물로 범벅이 돼 마치 실성한 사람 같았다.

죄인처럼 무거운 마음이 되어 목사님께 갔다.

내가 가까이 다가갔을 때 목사님은 큰 팔로 나를 확 끌어당기더니 꽉 껴안았다.

"하나님께서 나 같은 사람도 용서하십니까?"

나는 성령의 말씀을 대언했다.

"사랑하는 아들아, 네가 회개하는 순간 너의 모든 죄는 용서되었다.”

며칠 후, 그 목사님과 사모님 부부가 나를 찾아왔다.

“나는 남편의 간음을 모두 알고 있었습니다.”

‘나는 지난 여름에 네가 한 일을 알고 있다’라는 호러 영화가 생각나 섬뜩한 기분이 들었다.

하지만 이어지는 사모님의 간증은 따뜻한 평안을 선물했다.

“그날 저녁, 집회에서 돌아온 남편이 내 앞에 무릎을 꿇고 깊이 사죄했습니다. 그날은 내 생애에서 가장 기쁜 날이었습니다. 나는 이제 비로소 남편을 진심으로 존경하게 되었습니다.”

그들의 방문 이후, 나는 그 목사님의 교회가 다섯 배 이상 성장했다는 소식과 그 지역에서 가장 존경받는 유명한 교회가 되었다는 소식을 들을 수 있었다.

부흥은 한 사람의 진정한 회개로부터 시작된다는 진리를 다시 한 번 깨닫는 사건이었다.

19세기 말 유명한 부흥 운동가 스미스 목사님에게 한 성도가 찾아와 물었다.

“나는 우리 교회가 부흥되기를 원합니다. 어떻게 하면 좋습니까?”

스미스 목사님은 이렇게 대답했다고 한다.

“집으로 돌아가 방문을 걸어 잠그고 무릎을 꿇으십시오. 그리고 분필로 당신이 앉아있는 자리에 원을 그리십시오. 그리고 이렇게 기도하십시오.

'하나님, 바로 여기에서부터 부흥이 일어나게 하옵소서.'

그 원 안에서 부흥이 일어난다면 당신도, 당신의 가정도, 당신의 교회도, 당신의 민족도 부흥을 맛보게 될 것입니다."

"나와 상관없다"

목회자 세미나가 열릴 때마다 성령의 놀라운 역사가 일어나면서 필리핀 전역에서 세미나를 인도해 달라는 요청이 쇄도했다.

세미나 참석인원 또한 처음에는 수십 명에 불과하더니 200명, 500명 그리고 나중에는 1,000명을 넘어섰고 급기야 2,000명에 육박하게 되었다.

나는 방문하는 도시마다 교단과 교파를 초월해 모든 목회자들을 하나로 엮었다.

세미나가 끝난 후 노방전도를 나갈 때마다 소경이 눈을 뜨고 절름발이가 서서 걷는 놀라운 치유의 역사가 일어났다.

매번 세미나 때마다 내 영혼은 기뻐 춤을 추었다.

특히, 교회로 돌아간 목회자들로부터 새벽기도회를 시작했다는 고백과 교회전체가 금식기도의 문이 열렸다는 간증이 적힌 편지를 받을 때면 가슴 벅찬 보람까지 느꼈다.

한국을 떠나오기 전 아내가 꾸었던 그 꿈이 이루어진 것이었다.

'아, 이제야 제대로 사역하는구나.'라는 생각에 주님 앞에서도 당당할 수 있었다.

나는 40개 도시를 돌며 2만5천 명의 목회자들을 훈련시켰다.

그러던 어느 주일, 내가 담임하고 있는 바또바또교회에서 설교를 하는데 마음 저 깊은 곳으로부터 불평이 생겨났다.

'매주 목회자들만 2천 명이 넘는 대규모 세미나를 인도하고 있는 내가 쓰레기더미 위에 지어진 이 초라한 교회에서 언제까지 사역을 해야 하는가? 성도라고 해봐야 고작 60명, 마을 사람들을 다 합쳐도 200명밖에 되지 않는 이 작은 마을에서 무슨 큰 부흥을 기대할 수 있겠는가?'

졸고 있는 몇몇 성도들을 보고 있노라니 갑자기 장군에서 이등병으로 강등된 느낌이 들었다.

온 몸에 기운이 쫙 빠지면서 설교할 기분이 싹 사라졌다.

그 초라한 강당은 내가 더 이상 서 있을 곳이 아니었다.

더 넓고 큰 도시로 달려가 필리핀의 대 부흥을 주도해야 했다.

그날 밤, 기도 중에 성령께서 말씀하셨다.

"사랑하는 아들아, 너는 지금 무엇을 하고 있느냐?"

"주님, 저는 지금 필리핀 전역을 돌면서 필리핀 목회자들과 성도들을 깨우는 엄청난 사역을 하고 있습니다. 주님이 더 잘 아시지 않습니까?”

“그 일은 나와 상관이 없노라.”

나는 깜짝 놀랐지만 정신을 가다듬고 용기를 내어 물었다.

“주님, 그럼 무엇을 해야 합니까?”

그 질문에는 불만과 원망이 가득 서려 있었다.

“큰 자가 되지 말고 작은 자가 되어라. 높은 자가 되지 말고 낮은 자가 되어라. 섬김을 받는 자가 되지 말고 섬기는 자가 되어라. 때가 되면 너를 높이리라. 아직은 때가 아니니라.”

성령께서는 내 속에 가득 찬 더러운 교만과 자랑을 보여주셨다.

나는 뜨거운 눈물을 쏟으며 회개할 수밖에 없었다.

세 번이나 간음한 목회자를 회개의 길로 인도하면서도 정작 나는 악한 교만의 죄 가운데 빠져 있었던 것이다.

견딜 수 없는 부끄러움에 내 영혼은 촛농처럼 녹아내렸다.

나는 더러운 그릇에 거룩한 것을 마구잡이로 담으려 했었다.

모든 것을 비우고 그릇을 먼저 깨끗하게 해야 했다.

복음을 팔아 큰 자가 되려고 했던 죄, 말씀을 팔아 높은 자가 되려고 했던 죄, 예수님을 대신해 섬김을 받으려 했던 교만의 죄를 남김없이 고백했다.

“모든 사역을 중단하라. 그리고 이곳에 나의 몸 된 교회를 세워라.”

“주님의 가장 작은 종이 되겠습니다.”

BATO BATO
CHRISTIAN FELLOWSHIP
WORSHIP SERVICES

그 다음날, 계획된 모든 목회자 세미나를 취소했다.

한국의 큰 교회들과 연결해 필리핀 전역을 복음화하려고 했던 대규모 집회 계획도 모두 중단시켰다.

나는 쓰레기더미 위에 지어진 바또바또교회로 다시 돌아와 엎드렸다.

낡은 나무로 지어져 금방이라도 허물어질 것 같은 그 초라하고 보잘것없는 교회로 돌아와 전적인 헌신을 다짐했다.

그리고 당장 마을로 달려가 집집마다 찾아다니며 전도하기 시작했다.

얼마나 열정적이었는지 하루에 마을 사람 200명 모두를 만났다.

그 다음날도 200명 모두를 만났고, 그 다음 다음날도 그랬다.

그런데 방문횟수가 너무 잦아지자 주민들이 나를 귀찮아하기 시작했다. 심지어 문 앞에서 나를 쫓아내는 사람까지 생겼다.

열심만으로 되는 일은 아니었다.

실망한 마음으로 예배당 바닥에 엎드려 있는데 성령의 음성이 들렸다.

"너는 성도들을 깨워 필리핀과 세계 대 부흥을 위해 기도하게 하라."

나는 모든 성도들에게 공포했다.

"우리는 필리핀과 세계 대 부흥을 위해 매일 기도할 것입니다."

우리 교인들은 새벽기도와 함께 매일 밤 6시30분에 모여 9시까지 2시간 반 동안 기도하기 시작했다.

첫날 저녁기도회에 60명의 성도들 가운데 40명이 참석했다.

기도회는 한달간 계속됐다.

하지만 아무런 일도 일어나지 않았다.

교인은 60명 그대로였다.

변한 것은 아무것도 없었다.

그러나 우리는 실망하지 않고 계속 기도했다.

일 년이 지났다.

이 년이 지났다.

삼 년이 지나고 사 년이 지났다.

하지만 부흥의 미풍조차 불지 않았다.

헐몬산의 기도

답답한 마음에 하나님께 매달렸다.

40일간 금식기도를 하라는 성령의 감동이 왔다.

나는 헐몬산 기슭의 작은 화전민 마을로 가 허름한 움막 하나를 얻어 기도하기 시작했다.

특히 그 금식기도 동안에는 물도 마시지 않기로 작정했다.

열흘이 지나자 식도는 물론 기도도 말라 숨쉬기조차 힘들었다.

단 한 방울의 수분도 공급받지 못한 육체는 밑동 잘린 나무처럼 빠르게 수척해 갔다.

급기야 20일이 되었을 때는 배에 손을 대면 척추가 만져질 정도로 온 몸이 흉측하게 말라 있었다.

나를 보살피러 왔던 아내가 안타까운 눈으로 바라보며 말했다.

"여보, 3주가 지났으니 물을 마시며 기도하는 것이 좋겠어요."

나는 아내의 말을 잘 듣는 남편이었다.

물을 마셨다.

바싹 마른 육체에 수분이 공급되자 몸 안의 모든 장기들은 툭툭 소리를 내며 터지기 시작했다.

팥죽 같은 검붉은 액체가 식도를 타고 올라왔다.

피였다.

서너 시간 간격으로 물을 더 마셨다.

마신 물만큼 피를 토했다.

23일째부터는 견딜 수 없는 심한 기침이 시작됐다.

기침할 때마다 피가 쏟아졌다.

기도가 되지 않았다.

그날, 나의 40일 금식기도 소식을 들은 한국 선교사 세 분이 움막을 방문했다.

나의 끔찍한 몰골을 확인한 목사님들은 저마다 핀잔 섞인 위로의 말을 퍼부었다.

"목사님, 기도하려면 잘 먹고 잘 자야 하지요. 이렇게 안 먹고 안 마시면서 무슨 기도를 하겠습니까? 힘이 있어야 기도도 하지요."

그 옆에 있던 목사님도 맞장구를 쳤다.

"우리 담임목사님께서 삼각산에서 40일 금식기도를 하셨는데 마치고 내려오시다가 바로 산 밑에서 파는 닭고기 한 조각을 드시고 그 자리에서 즉사하셨습니다. 신문에도 났어요. 또 내가 아는 어떤 분은 40일 금식기도 후에 폐병에 걸려 죽었습니다. 금식기도는 정말 위험천만한 일이예요. 하나님께서 꼭 금식기도에만 응답하시는 것은 아니잖아요. 잘 먹고 잘 자고 잘 입고 기도하는 것이 가장 좋은 기도의 방법인 것 같아요."

이에 질세라 나머지 한 분도 거들고 나섰다.

"잘 먹고 잘 자면서 기도해도 얼마든지 하나님께서는 응답해주시는데 왜 그리 유난들을 떨며 기도하는지 모르겠어요."

목사님들은 그 외에도 몇 마디의 위로를 더 한 후에 떠났다.

위로를 받았지만 위로가 되지 않았다.

마음은 더 무거워졌고 몸은 더 힘들었다.

나는 기도하기 시작했다.

하지만 기도가 되지 않았다.

기도를 하려고 눈만 감으면 '금식기도 후에 닭고기 한 조각 먹고 즉사했다.' '폐병 걸려 죽었다.' '왜 그리 유난을 떨며 기도하느냐?'는 소리가 귀에 쟁쟁했다.

방해의 환청을 헤치고 억지로 기도에 집중하려 애썼다.

다섯 시간쯤 기도했다고 생각되어 눈을 떠 시계를 보았다.

그러나 시간은 채 5분도 지나지 않고 있었다.

기도의 줄이 잡히지 않았다.

성경을 읽으려고 펴 들었지만 글자가 잘 보이지 않았다.

찬양을 부르려고 했지만 목소리가 나오지 않았다.

기침 때문에 눕기도 어렵고 앉기도 힘들었다.

새벽 한 시쯤 되었을까?

물을 마신 탓인지 화장실이 가고 싶었다.

나무를 꺾어 만든 지팡이를 의지하고 움막 밖으로 나섰다.

불과 10미터 거리에 있는 화장실까지 걸어가는데 거의 삼십 분 정도 걸어간 느낌이었다.

화장실에서 돌아오는 길, 지팡이가 나동그라지면서 나도 쓰러졌다.

쓰러진 나는 계속 피를 토하고 있었다.

'이곳에서 이렇게 죽는구나. 아마 내일쯤이면 마닐라 블래틴이나 필리핀 스타와 같은 신문에 '한국인 김종필씨 아사'라는 제목의 기사가 나겠군.'

땅바닥에 쓰러져 생각하니 그렇게 죽을 일은 아니었다.

불현듯 오전에 다녀간 아내의 말이 생각났다.

"여보, 40일 금식기도 하다가 어려운 일을 만나면 내가 준 기도방석을 잡고 기도하세요. 분명 하나님의 놀라운 역사가 있을 거예요."

당시 아내는 오전 11시에 들러 12시까지 한 시간만 함께 기도한 후
에 집으로 돌아갔다.

혹시라도 내가 아내를 의지할 수도 있다는 염려 때문이었다.

하나님만 의지하라는 아내의 배려였다.

나는 땅바닥을 기기 시작했다.

정말 죽을힘을 다해 방까지 기어갔다.

아내가 두고 간 기도방석이 나를 기다리고 있었다.

나는 기도방석을 덥석 끌어안았다.

아내의 눈물과 땀과 피가 배어 있는 그 기도방석을 부여잡고 기도하
기 시작했다.

기도의 줄이 잡히더니 기도가 봇물처럼 터졌다.

내 영은 하늘을 향해 활짝 열렸다.

영혼 깊은 곳에서 찬양과 기쁨이 넘쳐흘렀다.

내 영혼은 하늘을 향해 열리기 시작하더니 어느 순간 몸으로부터 쑥
뽑혀 올려졌다.

지친 육체는 방석을 꼭 안은 채 방바닥에 쓰러져 있었다.

천정과 지붕은 하늘을 향해 활짝 열려 있었고 나는 큰 우주를 지나
고 있었다.

그 넓은 우주의 중앙에 예수님이 서 계셨다.

나는 그때까지 단 한 번도 꿈이나 환상을 통해서라도 예수님을 뵌
적이 없었지만 그분을 보자마자 주님임을 단번에 알 수 있었다.

주님의 왼쪽과 오른쪽에는 수많은 천군천사들이 둘러서 있었고, 헤아릴 수 없이 많은 성도들은 두 손을 높이 들고 예수님을 찬양하고 있었다.

예수님의 얼굴은 아침이슬에 비친 햇살처럼 깨끗하고 맑고 밝고 온화했다.

그런데 자세히 보니 주님의 발 앞에 꿇어 엎드려 기도하는 한 사람이 있었다.

바로 나였다.

주님은 허리를 숙여 내 어깨에 손을 대셨다.

고개를 들어 주님의 얼굴을 바라보았다.

예수님이 나를 향해 웃으셨다.

주님의 얼굴에서는 원반형 광채가 나왔고 그 빛은 온 우주를 향해 퍼져나갔다.

주님의 영광스런 광채가 나의 얼굴을 덮었다.

나는 그 빛 앞에 도저히 설 수 없는 더럽고 추한 죄인이었다.

부끄러워 고개를 숙였다.

"사랑하는 아들아, 내가 너에게 무엇 하여주기를 원하느냐?"

온화한 주님의 음성이었다.

"주님, 이렇게 죽을 수는 없습니다. 살려주세요."

나는 고개를 들어 주님을 바라보며 어린아이처럼 울부짖었다.

예수님은 또다시 나를 향해 웃으며 말씀하셨다.

"사랑하는 아들아, 내가 네게 무엇 하여주기를 원하느냐?"

내가 죽을 목숨이었다면 아마 주님은 '네가 오늘 나와 함께 낙원에 있으리라'와 비슷한 종류의 말씀을 하셨을 텐데 또다시 똑같은 질문을 하신 것을 보면 첫 번째 기도는 이미 들어주셨고 두 번째 소원을 말하면 그것까지 들어주실 작정이시구나라는 생각이 들었다.

나는 담대하게 외쳤다.

"주님, 나를 주님의 도구로 사용해 주세요. 주님께 사용받기 원합니다."

예수님은 대답 없이 다시 한 번 빙그레 웃으셨다.

주님이 웃으실 때마다 원반형의 광채가 온 우주를 덮었다.

"사랑하는 아들아, 내가 네게 무엇 하여주기를 원하느냐?"

예수님의 마지막 질문이었다.

잠시, 성전 건축을 위한 돈을 구할까 생각해 보았지만 주님의 광대함 앞에서 그것은 너무도 보잘것없는 것이었다.

나는 주님께 대답했다.

"주님의 양떼를 내게 맡겨주옵소서."

"내 양떼를 네게 맡기노니 내 양을 치라."

그때 좌우의 두 천사가 예수님께로 나아왔다.

그 천사들은 예수님보다 두 배나 키가 컸고 사람의 형상을 하고 있었다.

남자인지 여자인지 모를 얼굴이었는데 눈에서는 쏘는 듯한 광채가 났고 그 빛은 태양보다도 밝았다.

날개는 여섯인데 제일 위의 두 날개는 하늘을 향해 펼쳐져 있어 온 하늘을 덮는 듯했고, 가운데 두 날개는 우주를 향해 끝없이 빛처럼 뻗어 있었고, 제일 아래 두 날개는 땅을 향해 펼쳐져 있어 온 땅을 덮고 있었다.

왼쪽의 천사는 두루마리로 된 책을 들고 있었고, 오른쪽의 천사는 분명 은색인데 금빛이 나는 아름다운 대접을 들고 있었다.

예수님께서 손을 내밀자 오른쪽 천사가 대접을 내밀었다.

주님이 쟁반을 내 머리 위로 기울여 밀크캐러멜을 녹인 것 같은 점액성의 액체를 쏟아 부으셨다.

머리 위에 떨어진 액체는 물위에 떨어진 기름처럼 동심원을 그리며 사방으로 튀었고 그때마다 내 몸은 마치 용수철 위에 올려진 나무토막처럼 공중으로 튀어 올랐다.

몸은 새털처럼 가볍고 가뿐했다.

나는 주님을 찬양하고 또 찬양했다.

"만왕의 왕이요 만주의 주가 되시는 어린양 예수를 찬양하라."

"그는 존귀와 능력과 찬양을 받기에 합당한 자라."

"모든 열방과 민족들아, 모두 일어나 주 예수그리스도를 찬양하라."

"그 이름을 송축하라!"

내 영혼은 견딜 수 없는 기쁨으로 충만했다.

오랫동안 찬양과 기도를 반복하다 어느 순간 눈을 떴다.

헐몬산의 그 움막집이었다.

기침이 멈추었다.

더 이상 피도 토하지 않았다.

폐병의 근원이 아주 말라버리는 치유의 역사가 일어났다.

입으로 공기를 들여 마시자 신선한 바람이 온 내장기관 안으로 쑥쑥 들어오는 느낌이 들었다.

온 몸을 새롭게 지음 받은 느낌이었다.

앉기도 어려웠던 몸은 새 힘을 얻어 걷기도 하고 뛰기도 했다.

나는 금식기도를 멈추지 않고 계속했다.

한번 천국길이 열리자 눈만 감으면 바로바로 천국에 올라가는 놀라운 체험을 하게 되었다.

기도를 통해 주시는 하나님의 크신 은혜와 축복이 쏟아졌다.

기도가 얼마나 달콤하고 맛있었던지, 5분밖에 지나지 않은 것 같은데 눈을 뜨면 다섯 시간이 훌쩍 지나곤 했다.

한 알의 밀알 교회

40일 금식기도가 끝날 즈음에 하나님께서는 또 하나의 놀라운 환상을 보여주셨다.

그날도 기도에 열중하고 있었는데 환상 중에 아름다운 성전이 하늘로부터 내려왔다.

그 성전은 한꺼번에 천여 명이 예배를 드릴 수 있는 큰 건물이었다.

나는 하나님께 물었다.

"하나님, 이것이 무엇입니까?"

주님의 음성이 들렸다.

"네가 나를 위해 세울 교회다. 너는 그 빈민가에 필리핀 최대의 교회를 세워라. 나는 그 교회를 통해 필리핀을 깨울 것이다. 그 교회는 필리핀 대 부흥의 진원지가 될 것이다."

기쁘기보다는 걱정이 앞섰다.

하나님은 교회 부지로 우리 마을을 지목하고 계셨기 때문이다.

나는 머리를 긁적이며 또다시 물었다.

"하나님, 그 빈민가가 맞습니까? 우리 마을 사람들을 모두 합쳐야 200명도 되지 않습니다. 그리고 그곳은 쓰레기더미입니다. 산으로 막힌 외진 곳입니다. 큰 교회를 세울 공간도 없지만 세운다고 하더라도 올 사람이 없습니다."

도저히 이해할 수 없는 말씀 앞에서 나는 나의 환경과 형편과 사정을 들어 항변하고 있었다.

"바로 그곳에 교회를 세워라. 그곳에 대학이 들어올 것이다. 그곳에 큰 번화가가 형성될 것이다. 내가 예비한 사람들이 몰려들 것이다. 산을 깎고 그곳에 교회를 세워라."

하나님의 말씀은 확정적이었다.

1997년으로 기억된다.

한국의 한국기독교총연합회와 비슷한 기구인 필리핀복음주의협의
회에서 당시 한국에서 유명한 한 목사님을 모시고 필리핀국립대학 강
당에서 세미나를 개최한 적이 있다.

그 목사님은 세미나가 없는 시간을 이용해 필리핀 현지교회를 방문
하기 원했고, 나는 그 행사의 집행위원이었던 탓에 목사님을 모시고
내가 사역하고 있는 바또바또교회를 방문하게 되었다.

당시 우리 교회 예배당은 코코람바 나무 기둥을 먹어버리는 흰개미
들의 습격을 받아 곧 무너질 지경이었고, 그 광경을 목격한 목사님은
현장에서 1만 달러를 헌금하시며 한국에 돌아가서 모든 토지 구입비
와 건축비를 지원하겠다는 친필까지 써주셨다.

그 일을 계기로 성전 건축이 본격적으로 추진되었다.

새롭게 건축할 성전의 이름은 한 알의 밀알 교회로 지었다.

건축이 시작될 당시 바또바또 마을은 신흥 주거단지로 바뀌어 마을
자체가 없어지게 되었고, 우리 교회가 필리핀과 세계 복음화를 위해
썩어지는 한 알의 밀알이 되기를 간절히 바랐기 때문이다.

성전 건축을 향한 우리 성도들의 열정은 뜨겁게 타올랐다.

하지만 한국으로 돌아간 그 목사님의 지원 약속은 한국의 IMF와 맞
물리면서 지켜지지 못했다. 당시 우리 교회 주변의 땅을 사는 데만 한
국 돈으로 1억 원이 필요했다. 계약금으로만 3천만 원이 있어야 했으
니 계약금을 치르는 데만 2만 달러가 더 있어야 했다.

발만 동동 구르고 있던 중에 경기도 부천에 있는 오정성화장로교회

로부터 2천만 원이 송금되어져 왔다.

그 교회 이주형 담임목사님은 당신께서 기도하던 중에 하나님께서 필리핀에 후원금을 보내라고 강권하셔서 다른 곳에 보내기로 결정되어 있었지만 고민 끝에 우리 교회로 보내주셨다는 짧은 간증도 전해주셨다.

계약금에서 모자랐던 금액인 2천만 원을 정확하게 받자 하나님께서 우리의 성전 건축에 개입하고 계심을 다시 한번 확신하게 되었다.

용기를 내어 계약금 3천만 원을 지불하고 땅을 매입하기로 결정했다.

하지만, 땅을 사는 데 필요한 잔금 7천만 원과 얼마가 들지도 모를 건축비 마련은 한 치 앞을 예상할 수 없었다.

답답한 마음에 한국으로 들어가 당시 토지 매입비와 건축비 전부를 지원하겠다고 약속하셨던 교회의 담임 목사님을 찾아갔다.

하지만 목사님은 만나주지 않았다.

당시 한국교회의 어려운 상황을 생각하면 이해 못할 일도 아니었지만 인간적인 섭섭함은 어쩔 수 없었다.

이곳저곳을 다니며 도움을 요청했지만 어느 곳에서도 확실한 지원을 약속받을 수 없었다.

나는 한국교회의 팍팍한 인심만 또렷이 확인한 채 다시 필리핀으로 돌아와야 했다.

순간순간 절망의 벽에 부딪힐 때마다 이 작은 마을에 꼭 그렇게 큰 성전을 지어야 하는가라는 이성적인 의문에 빠지곤 했다.

하지만 하나님은 기도할 때마다 흔들리지 않는 기도응답을 주셨고, 함께 기도하는 성도들에게도 동일한 환상을 보여주셨다.

성전건축은 사람들에게 의지할 일이 아니었다.

우리는 삽과 곡괭이만 들고 그 큰 산을 깎기 시작했다.

우리에게 그 산은 여리고 성처럼 단단하고 견고하게 느껴졌지만 믿음으로 그 산을 무너뜨릴 수 있다고 확신했다.

모든 성도들은 아침 금식을 하며 100일 동안 그 산을 돌면서 기도하는 여리고 대행진을 펼쳤다.

여리고 대행진이 계속되는 동안 경기도 안산에 있는 한 교회로부터 얼마의 후원금이 보내져왔고, 어느 자매와 한 사모님은 자신의 수술비로 아껴두었던 돈을 보내기도 했다.

우리는 후원금이 도착할 때마다 불도저를 빌려 산을 깎았고, 마침내는 기둥을 박을 수 있도록 땅을 파는 기초공사까지 진척되었다.

자금이 충분하다면 전문적인 설계사무소에 맡겨 멋진 설계도면과 청사진을 만들고, 건축업자를 통해 편하게 공사를 할 수 있었겠지만 우리의 형편은 철근 하나 살 돈이 아쉬운 상황이었다.

하지만 동시에 1000명이 넘게 들어가는 예배당을 지으면서 건축의 원리를 전혀 모른 채 공사를 강행할 수는 없었다.

"하나님, 교회 건축법을 알려주세요."

나는 새벽마다 하나님께 간절히 매달렸다.

그러던 어느 날 새벽, 꿈인지 환상인지 알 수는 없지만 중동지역 사람으로 보이는 한 할아버지가 나타나시더니 철근의 기초구조부터 시작해 기둥과 기둥간의 거리 및 건물의 하중을 분산시키는 법 등 세세한 건축방법을 알려주었다.

광채가 나는 얼굴로 나타난 그 분은 한달 동안 매일 새벽에 나타나, 나에게 건축에 관하여 가르쳐 주셨다.

나는 환상 중에 배운 방법을 통해 36개의 철근 기둥을 박았다.

그런데 문제는 콘크리트를 붓지 못하고 철근만 박아 놓은 상태에서 필리핀의 그 지독한 우기를 맞았다는 것이다.

우기가 수개월 간 지속되자 덩그러니 땅에 박혀 있던 철근들은 녹슬기 시작했고 비가 오면 철근에서는 붉은 녹물이 뚝뚝 떨어졌다.

그 광경을 가만히 보고만 있어야 하는 우리는 하루하루가 끔찍하고 고통스러웠다.

성전 건축이 시작된 이듬해인 1999년, 두 번째 우기를 맞았다.

철근은 계속 검붉은 녹물을 토해냈고, 우리는 비가 그치기만 하면 실성한 사람들처럼 철근으로 달려가 사포로 미친 듯이 녹을 닦아내는 힘겨운 일상을 반복해야 했다.

어느날 꿈에서 아내는 녹슨 철근을 부여잡고 통곡하며 기도하고 있었다.

"하나님, 어느 때까지 입니까?"

"딸아 조금만 더 참으라. 네 인내의 그릇이 찼다."

그리고 얼마 후 일본 교토교회 박수길 목사님으로부터 전화가 왔다.

"전도 특별집회를 인도해 줄 수 있겠습니까?"

아는 분에게 항공료 100 달러를 빌려 일본으로 건너갔다.

집회 마지막 날, 필리핀 바또바또 교회의 안타까운 소식을 알게 된 교토교회 성도들이 165만 엔에 가까운 건축헌금을 해주었다.

우리는 그 돈으로 토지 잔금을 지불할 수 있었고, 기둥과 바닥공사를 마무리 하여 그 이듬해 12월에는 1층을 완공할 수 있었다.

천사와의 대면

성전의 2층 기둥과 종탑 철골 구조물이 막 올라갔을 때의 일이다.

당시 나는 선교사 자녀를 위한 국제학교인 한국아카데미의 교목 사역도 병행하고 있었기 때문에 하루 24시간이 모자랐다.

새벽 5시에 일어나 새벽기도를 인도했고, 잠깐 집에 들러 급히 아침을 먹고 학교로 출근했다.

한국아카데미의 교사들에게 설교를 한 후 곧장 성전건축 현장으로 달려가 공사장 인부들과 뽀얀 먼지 속에서 저녁까지 비지땀을 흘렸다.

잠시 집에 들러 샤워할 틈도 없이 저녁을 먹고 교회로 향했다.

하나님과 약속한 필리핀의 부흥을 위한 저녁기도회를 인도하기 위해서였다. 기도회를 마친 시각은 그때마다 달랐지만 항상 밤 10시가 넘어야 끝났다.

개인기도 시간을 조금 더 가진 후에 집에 돌아와 샤워를 하고 일과를 정리하고 다음날 일정들을 체크한 후에 잠자리에 누우면 늘 새벽 1

시가 넘었다. 그날도 여느 때처럼 공사장에 들러 인부들과 씨름하다 점심을 먹기 위해 교회 사무실에 들렀을 때였다.

나의 점심은 아내가 싸준 도시락이었다.

손을 씻고 도시락 뚜껑을 막 열려고 하는데 아내에게 전화가 왔다.

"여보, 당신이 학교로 떠난 후 너무 피곤해서 잠시 눈을 부쳤는데 좋지 않은 꿈을 꾸었어요."

아내는 개꿈을 꾸지 않았다.

덜컥 겁이 났다.

"무슨 꿈인데 그래요?"

"당신이 마치 영혼처럼 되어 환한 빛 가운데 나타나더니, '여보, 미안해요. 내가 영원히 가요'라고 말하며 손을 흔들며 떠났어요. 깜짝 놀라 깨어보니 꿈이었어요. 가슴을 쓸어내리다 다시 잠이 들었는데 이번에는 당신이 자동차를 몰고 언덕길을 오르고 있었어요. 그런데 그 길은 내리막으로 일방통행인데 당신이 모르고 계속 역주행을 하고 있었어요. 저는 너무 놀라 발만 동동 구르고 있는데 언덕 위에서 큰 덤프트럭이 달려왔어요. 놀란 당신이 빠르게 후진을 했는데 그만 전봇대와 충돌을 했지 뭐예요. 내가 달려가 보니 당신이 죽어 있었어요. 깜짝 놀라 깨어보니 이번에도 다행히 꿈이었어요. 그래도 꿈이 너무 생생해 하나님께 엎드려 기도하는 데 성령께서 '네 남편에게 큰 일이 있을 것이다. 남편을 위해 기도하라'라고 말씀해주셨어요. 그래서 학교에 전화를 걸었더니 당신은 이미 공사장으로 갔다고 하더군요. 어차피 현장에서는 당신과 통화할 수 없으니까 집에서 안절부절못하다가 당신 점심시간을 기다려 급히 전화한 거예요. 오늘 하루 제발 조심하세요.”

“알았어요. 걱정 말아요. 나 당신 말 잘 듣는 남편이잖아요. 조심할게요.”

점심식사를 끝내고 공사장으로 향하는 마음이 무거웠다.

하지만 막상 공사장에 도착하니 2시간 전 아내의 걱정을 생각해 몸을 보살피며 일할 수 있는 상황이 아니었다.

오후 2시30분경, 나는 12미터 높이의 종탑 위에 있었다.

필리핀은 지진 발생빈도가 높은 지역이다.

따라서 종탑공사는 내진 설계가 필수적인데, 이것은 철근을 엮는 방법보다 철근의 위치가 매우 중요하다.

나는 종탑 위에서 아래쪽의 인부들에게 철근 위치에 대해 설명하고 있었다.

하지만 워낙 높은 곳에서 소리를 지르다보니 인부들이 잘 알아듣지 못하고 잘못된 위치에 철근을 놓고 있었다.

나는 답답한 마음에 내려가서 이야기하겠다며 철제 사다리를 타고 아래로 내려가기 시작했다.

물론 철제 사다리에는 아무런 안전장치도 없었다.

두 손과 두 발이 유일한 안전장치였다.

종탑공사를 하는 동안 나는 대수롭지 않게 그 높고 긴 철제사다리를 아이들 방안의 2층 침대 오르내리듯했기에 그날도 대수롭지 않게 철제사다리를 타고 아래로 내려간 것이었다.

하지만 나는 아내의 꿈처럼, 몇 발을 더 내딛지 못하고 12미터 가까운 높이에서 추락하고 말았다.

빨리 내려가 잘못 놓여진 철근의 위치를 바로 잡아야 한다는 급한 생각 때문에 너무 서두르다 발을 헛딛으며 손까지 사다리를 놓쳐버린 것이었다.

몸 전체가 일시에 아래로 쑥 빠지는 섬뜩하고 불쾌한 공포감이 죽음을 예감케 했다.

그런데 어느 순간, 공중에서 큰 손이 뻗쳐 나와 나를 살짝 받아 안는 느낌을 받았다.

나는 의식을 잃었다.

그리고 인부들의 들것에 실려 병원 응급실로 옮겨졌다.

아내가 연락을 받고 도착했을 때 나는 아주 여린 숨을 몰아쉬며 겨우 생명을 이어가고 있었다. 심장은 약하게 뛰었다.

하지만 그리 오래지 않아 나는 의식을 되찾았다.

곧 죽을 것이라는 의료진과 인부들의 예상을 뒤엎고 눈을 떴다.

의식이 돌아오자 의료진은 나를 방사선실로 데려가 X-Ray로 몸 구석구석을 촬영했다.

잠시 후 X-Ray 사진을 판독하던 담당의사는 "미러클! 미러클!"을 연발했다.

몸의 단 한 곳에서도 골절이나 출혈이 발견되지 않았다는 것이다.

정말 기적이었다.

내 몸은 완전했다.

내가 종탑에서 떨어질 때 주의 천사가 나를 살짝 받아 안은 것이 었다.

천사가 나를 도운 것은 그때가 처음이 아니었다.

헐몬산에서 40일간 금식기도 할 때의 일이다.

금식 33일 째 되던 날, 그날도 나는 천국을 오르내리는 기도의 달콤함에 취해 다섯 시간 넘게 기도에 열중하고 있었다.

그런데 기도 중에 어떤 큰 손이 내 등을 받치고 있다는 느낌을 받았다.

나의 금식기도를 돕기 위해 온 어떤 사람이라고 생각했다.

"당신은 누구십니까?"

"하나님의 천사입니다."

깜짝 놀라 다시 물었다.

"왜 이곳에 와 있습니까?"

"하나님께서 당신의 기도를 도우라고 하셨습니다. 나는 당신이 태어날 때부터 당신을 돕고 있었습니다."

나는 천사와 오랫동안 이야기를 나누었다.

그 긴 대화를 통해 알게 된 것은 하나님께서는 내가 태어나기도 전에, 주님께 돌아오기도 전에 이미 나를 알고 계셨고 당신의 천사를 보내 눈동자와 같이 보호하고 계셨다는 사실이었다.

천사는 나의 어릴 적 추억들을 모두 알고 있었다.

심지어는 내가 기억하지 못하고 있는 일들까지도 모두 알고 있었다.

Anniversa

A GRAIN OF WHEAT CHRISTIAN MINISTRIES PHILIPPINES, INC

나는 천사를 만난 일이 너무나 신기해 얼른 성경을 펴들었다.
마태복음 4장의 말씀이었다.

"그 때에 예수께서 성령에게 이끌리어 마귀에게 시험을 받으러 광
야로 가사 사십일을 밤낮으로 금식하신 후에…(중략)…천사들이 나
아와서 수종드니라."(마 4:1~11)

이외에도 성경은 곳곳에서 천사들이 주의 자녀들을 도왔던 사건들
을 기록하고 있었다.

아브라함에게 소돔과 고모라의 멸망 소식을 알려준 것도 천사였고,
롯의 가족을 그 멸망의 성에서 구출한 것도 천사였다. 엘리야가 로뎀
나무 아래서 죽기를 간구했을 때 숯불을 피워 먹을 것을 주며 위로한
것도 천사였고, 감옥에 갇힌 베드로의 쇠사슬을 풀고 옥문을 열어 준
것도 천사였다.

하나님은 천사를 통해 하나님의 자녀들을 돕고 계셨다.

영국으로 가라!

"너는 영국으로 떠나라!"

우리 교회는 매일 새벽과 저녁에 드리는 기도회를 7년째 계속하고 있었다.

그것은 새로운 성전을 건축하는 동안에도 지속되었다.

어느 날, 저녁기도회를 인도한 후 개인 기도 시간에 앞으로 건축될 성전과 사역의 부흥을 위해 간절히 기도하고 있을 때 성령의 뜨거운 감동이 밀려오기 시작했다.

곧이어 강한 음성이 내 마음을 두드렸다.

"너는 영국으로 가라. 그곳에서 죽어가는 유럽의 교회와 새롭게 부흥하는 제3세계 교회를 연구하라."

하지만 하나님의 그 명령은 필리핀으로 가라고 했던 일과 천여 명이 들어갈 수 있는 큰 성전을 건축하라고 했던 일보다 더 불가능한 일로 보였다.

답사 차 임시로 영국을 다녀온다 하더라도 항공료만 3,600달러가 필요했기 때문이다.

성전은 아직도 건축 중이었고, 모든 돈은 건축비로 사용했기 때문에 개인적으로는 단 1달러도 사용할 여유가 없었다.

심지어 내가 12미터 높이의 종탑에서 떨어져 깨어났을 때조차도 아내는 몇 십 달러의 입원비를 구할 수가 없어 의료진의 만류에도 불구하고 "더 좋은 병원으로 옮기려 한다"는 거짓말까지 하면서 바로 그날 나를 퇴원시켜야 했었다.

그 일로 나는 그 다음날부터 놀랐던 신경세포가 살아나면서 누군가 바이스로 몸 곳곳을 매정하게 죄는듯한 커다란 고통 속에서 몇 주를 지나야 했었다.

나는 진통제 한 알 먹지 못하고 그 고통을 견뎌야 했다.

그 일을 통해 주님의 십자가 고통을 체험하는 은혜의 시간을 보낼 수 있었지만 육체적으로는 다시 겪고 싶지 않은 극심한 고통이었다.

"하나님, 아직은 때가 아니지 않습니까?"

설사 기적적으로 유학자금이 마련된다고 하더라도 필리핀을 떠날 상황이 도저히 아니었다.

우선, 나를 믿고 따라준 필리핀 성도들을 실망시킬 수 없었다.

성전건축도 마무리해야 했다.

건축이 끝나면 필리핀의 대 부흥을 위해 해야 할 일들이 너무도 많았다.

계획한 일들이 산더미처럼 쌓여 있었다.

모두가 주님이 기뻐하실 일들이었다.

하지만 성령께서 다시 강권하셨다.

"영국으로 가 죽어가는 유럽교회를 연구하라."

더 이상 거부할 수 없는 주님의 또렷한 음성이었다.

순종하기로 했다.

돈도 없고 오라는 대학도 없고 영국에 아는 사람 하나 없었지만 오직 주님만 의지하고 떠나기로 했다.

그것이 필리핀에서 10여 년간 훈련받은 순종의 방식이었다.

당장 여행사로 달려가 영국행 항공권을 예약했다.

비용은 출국하는 날 지불하기로 했다.

출국을 며칠 앞둔 어느 날, 하나님은 아내의 기도응답을 통해 돕는 손길들을 붙여주기 시작하셨다.

"여보, 성령께서 영국에 당신이 잘 아는 사람이 있다고 말씀하셨어요."

"글쎄, 나는 영국에 아는 사람이 없는데."

나는 고개를 갸우뚱했다.

하지만 아내는 서재에 들어가 한참을 있더니 세계 선교사 요람을 찾아왔다.

아내와 함께 요람을 샅샅이 살폈다.

"여보, 여보, 내가 아는 선배님이 영국에서 박사과정을 공부하고 있네!"

나는 손가락으로 요람에 적힌 '정재용' 목사님의 이름을 짚으며 환호성을 질렀다.

아내가 전화번호를 적어 건네며 빨리 전화를 걸어보라고 재촉했다.

"뚜우, 뚜우, 뚜우…띠~이."

신호가 열두 번 넘게 가더니 아예 끊어져 버렸다.

"여보, 학위를 마치고 귀국했나 봐요."

환호성을 질렀던 내 목소리는 금방 풀이 죽고 말았다.

아내는 말없이 방 안으로 들어가 다시 기도하기 시작했다.

잠시 후 아내가 문 밖으로 나오며 말했다.

"여보, 성령께서 다시 전화를 걸으라는 음성을 계속 주시네요."

나는 아내의 말을 잘 듣는 남편이었다.

수화기를 들고 그 긴 전화번호를 다시 하나하나 정성스럽게 꼼꼼히 눌렀다.

신호가 세 번쯤 가더니 상대편에서 수화기를 드는 소리가 들렸다.

"헬로우."

정목사님의 음성이었다.

"정목사님, 저 김종필 목사입니다."

정목사님은 반가워하며, 전날 밤 어느 성도의 가정을 방문하여 하룻밤을 지내고 막 집으로 돌아와 현관문을 열려고 하는데 전화벨이 울리더니 끊어졌더라는 이야기를 들려주었다.

하나님은 순간순간 나에게 기다림과 인내를 요구하고 계셨다.

나는 그동안의 필리핀 사역을 간단하게 이야기한 후 영국으로 가라고 하신 하나님의 명령을 말해주었다.

"김 목사님, 목사님을 인도하시는 하나님의 섭리는 정말 놀랍군요. 나는 지금 박사논문을 다 마무리하고, 통과만 기다리고 있습니다. 내가 공부한 곳은 영국의 버밍엄 대학입니다. 김목사가 온다면 버밍엄 박사과정 입학과 게스트하우스, 자동차까지 모든 것을 안내해 주도록 하겠습니다."

하나님은 수년전에 이미 정목사님을 먼저 영국으로 보내 나의 영국 유학을 돕도록 준비해두고 계셨다.

버밍엄

출국 전날, 아침이 밝고 점심이 지나고 저녁이 다 되었지만 아무도 찾아오지 않았다.

가정예배를 드리며 하나님의 도우심을 간절히 구했다.

예배를 마치고 막 잠자리에 들려고 하는데 밖에서 마을 사람들이 웅성거리는 소리가 들렸다.

"빠스똘 킴! 빠스똘 킴!"

필리핀 사람들은 목사라는 영어 단어 패스터(pastor)를 빠스똘이라고 발음했다.

문을 열고 밖으로 나가보니 중년의 한국 여성이 마을 사람들에게 둘러싸여 있었다.

"여기가 김은주 교수님 댁 맞나요?"

아내는 한국에 있을 때 대학 강단에서 기독교 문학과 희곡을 강의했었다.

그날 밤 우리를 찾아온 그분은, 당시 만학도로서 아내에게 기독교 희곡을 배운 한국 어느 교회 집사님이었다.

그 집사님은 대학동문들을 통해 아내가 필리핀 선교사로 와 있다는 소식을 듣게 되었고, 아내를 꼭 다시 만나보고 싶어 필리핀 여행 중에 주소만 들고 물어물어 어렵사리 찾아온 것이었다.

우리 부부는 그 사랑과 관심이 너무도 고마워 정성껏 저녁식사를 대접한 후에 밤늦도록 담소를 나누었다.

대화중에 자연스럽게 나의 영국 유학에 관한 이야기도 나오게 되었다.

"그래서 하나님께서 급히 나를 이곳에 보내셨군요."

우리의 이야기를 다 들은 후에 그 집사님의 입에서 나온 고백이었다.

아내의 제자였던 그 집사님은 우리 집을 떠나기 전 작은 봉투 하나를 두고 가셨다.

그 봉투 안에는 놀랍게도 5,000달러가 들어 있었다.

그 돈은 항공료를 지불하고도 1,400달러가 남는 금액이었다.

영국 잉글랜드 버밍엄은 런던에서 북서쪽으로 약 160킬로미터를 달리면 나타나는 영국 제2의 도시다.

트렌트 강과 세번 강, 그리고 세본 강에 둘러싸인 버밍엄 고원에 위치하고 있으며 이른바 블랙컨트리(Black Country)의 중심을 이루는 공업도시다.

영국 내에서도 문화수준이 높은 곳으로 유명하며 버밍엄 대학과 애스턴 대학, 왕립극장, 셰익스피어 도서관, 미술관, 박물관 등이 도시 중심부에 모여 있다.

시의 중심인 빅토리아 광장에는 이탈리아 르네상스 양식의 시 의사당이 있는데, 이곳의 시계탑 빅그램은 버밍엄의 상징으로 되어 있다.

나는 게스트하우스로 가는 길에 차창을 통해 빅그램을 볼 수 있었다.

필리핀 빈민가에서 10여 년간 생활했던 나에게 버밍엄의 첫인상은 그림 엽서에서나 봄직한 '꿈의 도시' 그 자체였다.

나와 아내, 그리고 딸아이는 자동차가 게스트하우스에 멈출 때까지 벌어진 입을 다물지 못했다.

나를 놀라게 한 것은 웅장한 도시 풍경만이 아니었다.

내가 머물게 될 게스트하우스 바로 앞에 윌리암 캐리가 선교회를 만들고 인도 선교사로 파송받은 침례교선교회(BMS)와 200년 전에 세워진 성공회교회선교회(CMS) 선교사 훈련학교가 있었다.

그리고 300년 전에 세워진 성공회복음선포협의회(USPG) 신학교와 영국에서 가장 복음적이라 평가받는 버밍엄 크리스천 칼리지(BCC)도인근에 위치하고 있었다.

USPG는 그 전신이 존 웨슬리를 파송했던 SPG이었다는 사실만으로도 영국 내에서 가장 유명한 선교단체 중의 하나로 손꼽히는 곳이다.

버밍엄은 거대한 선교역사의 도시였다.

나는 버밍엄에 대한 경외감을 감출 수 없었다.

하나님께서는 가장 탁월한 훈련장소를 지정해 나를 부르신 것이다.

그날 저녁, 정목사님은 갑작스럽게 "버밍엄 대학의 교수님이 인도하는 성경공부 모임이 있는데 같이 참석해보지 않겠느냐?"고 제안했다.

나는 성령의 인도하심을 따라 참석하겠다고 대답했다.

성경공부를 인도한 알란 앤더슨(Allan Anderson) 교수님은 영국 오순절학회 회장님으로 영국과 버밍엄을 중심으로 오순절부흥운동과 은사주의운동을 연구하고 있는 한 연구소의 소장으로 있는 분이었다.

나는 석사과정에서 이미 오순절부흥운동과 관련된 분야를 깊이 있게 연구한 적이 있었으므로 그 교수님에게 박사과정을 지도받고 싶은 마음이 조금도 없었다.

그런데 잠시 화장실에 들러 손을 씻고 있는데 성령께서 "앤더슨 교수에게 네가 영국에 온 목적을 말하거라."라고 말씀하셨다.

나는 성령의 음성에 순종하는 마음으로 앤더슨 교수님에게 필리핀에서의 사역과 7년간의 기도, 그리고 영국을 오게 된 경위와 목적을 모두 말했다.

내가 이야기하는 내내 진지한 눈빛으로 내 얼굴을 보고 있던 앤더슨 교수님은 내 이야기가 끝나자마자 뜻밖의 초대를 했다.

"내일 아침, 내 연구실로 와줄 수 있겠습니까?"

특별한 일정도 없었기에 "그렇게 하겠다."고 대답했다.

다음날, 아내와 딸 아이 그리고 정목사님과 함께 앤더슨 교수님의 연구실을 방문했다.

"일라이자 킴, 당신이 연구했던 논문이나 자료를 좀 볼 수 있겠습니까?"

일라이자 킴(Elijah Kim)은 나의 영어식 크리스천 이름이다.

그 전날의 초대가 일상적인 것이 아닌 박사과정을 위한 인터뷰라는 느낌을 받았었는지 아내는 미리 챙겨온 나의 석사논문과 그동안의 연구 자료들을 자연스럽게 내밀었다.

내가 아내를 존경하는 점 중의 하나다.

앤더슨 교수님은 논문과 자료들을 대충 훑어보더니 나에게는 아무 말도 하지 않고 수화기를 들었다.

"지금 내 연구실에 일라이자 킴이라는 분이 와 있습니다. 이분은 내 평생 다시 만나기 어려운 사람인 것 같습니다. 아무런 요청도 하지 말고 박사과정에 입학시켜주십시오."

나는 멍하니 앤더슨 교수님의 입만 바라보고 있었다.

전화를 끊은 교수님은 환한 미소를 지으며 말했다.

"일라이자 킴, 나는 방금 우리 학교 본관에 있는 박사과정 입학 담당자와 통화를 했고, 입학 담당자는 당신의 입학을 허락하였습니다.”

나중에 안 사실이지만 내가 박사과정을 밟게 된 버밍엄 대학은 1900년에 세워진 유서 깊은 대학으로 영국의 10대 연구중심 대학 가운데 하나로 손꼽히는 곳이었다.

캠퍼스는 버밍엄 중심지에서 남서쪽으로 5킬로미터 떨어진 전원지역에 있는데 당시 학부생과 대학원생을 모두 합쳐 학생 숫자가 2만 명에 가까웠으며, 교직원 숫자만 2천 명이 넘었다.

더구나 버밍엄 대학 도서관에는 200만 권의 도서와 300만 점 이상의 각종 사본이 총 길이 70킬로미터에 이르는 서가에 진열되어 있으며, 하루 이용자가 1만 명에 가까운 유명한 도서관이다.

수십만 권에 달하는 선교와 신학에 대한 중요한 책들이 소장돼 있고, 특히 아프리카와 이슬람에 대한 역사, 영국 선교를 공부할 수 있는 좋은 자료들이 산더미처럼 쌓여 있다.

나는 그 유명한 버밍엄 대학에서 박사과정을 공부하게 되었다.

그것도 단 하루 만에 결정된 일이었다.

하나님은 당신이 예비한 일들을 당신의 때에 당신의 입과 손과 발로, 당신의 방법대로 척척 진행시키셨다.

내가 할 일이라곤 고작, 주님의 음성에 “네”라고 대답만 하면 그만이었다.

하나님의 시간

입학 허가가 결정되자 앤더슨 교수님은 입학을 위한 행정절차를 곧장 진행시켰다.

"다른 입학서류들은 내가 모두 알아서 마련하겠습니다. 일라이자 킴은 추천서 두 장만 준비해 주십시오."

나는 아세아연합신학대학의 정흥호 교수님과 당시 미국 APTS대학의 부학장(현재, 영국 옥스퍼드 센터 미션스터디의 학장)으로 계셨던 마원석 목사님을 떠올렸다.

앤더슨 교수님의 양해를 얻어 연구실의 컴퓨터를 이용해 두 분께 추천서를 부탁하는 메일을 보냈다.

5분도 되지 않아 정 교수님으로부터 답장이 왔다.

교수님은 추천서에 이런 사연을 덧붙였다.

"김 목사님, 저는 지금 막 우리 대학원에서 공부하고 있는 목사님 사십여 명과 함께 3학점짜리 이스라엘 성지순례를 떠날 참이었습니다. 이 여정은 한 달 코스인데 그곳에서는 이메일을 확인하기 어려울 것 같아 마지막으로 이메일을 열어 확인하려고 하는데 목사님의 메일이 딱 뜨더군요. 이렇게라도 추천서를 쓸 수 있어 정말 다행입니다."

하나님의 섭리에는 단 1초의 오차도 없었다.

잠시 후, 마원석 목사님이 보낸 이메일도 도착했다.

"김 목사님, 지금 제 가슴이 너무나 뛰어 추천서를 쓸 수가 없군요. 우리 대학은 그동안 버밍엄 대학의 오순절센터와 연결하고 그 학교에 신학자를 보내 아시아를 깨우는 사역을 했으면 좋겠다고 생각해 오랫동안 기도하며 노력했는데 잘되지 않았었습니다. 그런데 김 목사님께서 그곳에서 박사과정을 한다고 하시니 너무나 감격스럽습니다. 추천서는 내일까지 보내겠습니다."

마원석 목사님은 내가 한국과 필리핀에 있을 때에도 미국에서 박사과정을 하면 전적으로 도와주겠다며 항상 나에게 박사과정을 하라고 격려해주셨던 분이었다.

다음날, 목사님은 약속대로 추천서를 보내왔다.

A4용지 두 장 가득 빽빽하게 적힌 추천서에는 나를 꼭 버밍엄 대학에서 공부시키고자 하시는 목사님의 진심어린 애정이 가득 배어 있었다.

거기에는 내 모든 목회의 여정이 하나도 빠짐없이 꼼꼼하게 기록돼 있었다.

그 추천서는 형식적인 추천서가 아니었다.

단 한 명의 올바른 목사를 통해 아시아를 깨우고 세계를 깨우고자 하는 열망이 가득 찬 진심어린 추천서였다.

지금까지 내가 보아온 그 어떤 추천서보다 가장 아름다운 추천서였다.

하나님은 입학을 위한 지극히 요식적인 행정절차를 통해서도 나를 감동시키고 울리고 계셨다.

또한 딸아이가 다닐 학교와 기숙사도 모두 결정되어 영국에 도착한 며칠동안 나는 마치 짧고 달콤한 꿈을 꾸고 있는 것 같았다.

모든 절차를 마치고 필리핀으로 다시 돌아온 지 얼마 못되어 버밍엄 대학으로부터 합격통지서가 날아왔다.

하지만 합격의 기쁨을 누릴 사이도 없이 나는 또다시 큰 고민에 빠져야 했다.

합격통지서 안에는 등록금고지서가 동봉되어 있었는데 거기에는 연간 학비가 "7,500파운드"라고 인쇄돼 있었다. 이를 요즘 달러로 환산하면 15,000달러에 달하는 큰 금액이었다.

그 뿐이 아니었다.

버밍엄의 비싼 물가를 고려하면 한 달 월세만 1,200달러였고 아무리 쪼개 살아도 한 달 생활비로 1,000달러가 필요했다.

결국 연간 학비 15,000달러를 제외하고도 매달 3,000달러 정도의 돈이 필요했다.

나를 대신해 아내 김은주 선교사가 맡게 될 필리핀 교회는 매달 3,000달러가 아니라 단 3달러도 후원할 형편이 못되었다.

그런데 감사하게도 마원석 목사님께서 나를 후원하기 위해 많은 곳에 연락을 해두고 계셨다.

목사님은 두 가지 방법을 통해 나를 후원할 계획을 갖고 계셨다.

하나는 APTS대학의 학교기금에서 매달 1,000달러를 후원받게 하는 방법이었고 다른 하나는 자신의 대학을 돕고 있는 한 후원자와 연결해 개인적으로 후원받게 하는 방법이었다.

그런 가운데 마원석 목사님께서 소개해 주신 미국의 홍석구 장로님으로부터 한 통의 이메일이 왔다.

"목사님을 위해 매달 50달러를 후원하겠습니다."

필리핀에서는 단 1달러도 큰돈이었기 때문에 50달러면 정말 감사한 금액이었다.

더구나 매달 50달러를 받는다는 것은 대단한 일이었다.

나는 진심어린 감사의 답장을 보냈다.

그런데 얼마 후 다시 이메일이 왔다.

"버밍엄의 물가를 생각해보니 매달 100달러는 후원해야 할 것 같습니다."

그리고 얼마 지나지 않아 다시 이메일이 왔다.

"매달 500달러를 후원하기로 결정했습니다."

정말 놀라운 일이었다.

처음보다 꼭 10배가 큰 금액이었다.

하지만 그것이 끝이 아니었다.

"제가 속해 있는 부름선교회 회원들과 함께 매달 1,000달러를 후원하기로 최종 결정했습니다."

하나님은 단 한 번도 보지 못한 그 장로님의 손길을 통해 나의 필요를 채우고 계셨다.

결국, 나는 매달 2,000달러의 후원을 약속받고 영국으로 갈 수 있게 되었다.

나는 주일 설교에서 "하나님께서 영국으로 가라는 음성을 주셨고, 저는 그 명령에 순종하기로 했습니다"라고 선포했다.

교회는 눈물바다가 됐다.

성도들은 보낼 수 없다며 바짓가랑이를 붙잡았다.

나는 성도들 한 사람 한 사람을 얼싸안으며 울고 또 울었다.

전기도 들어오지 않는 그 쓰레기더미 위에 서서 함께 예배를 드렸던 성도들을 떠나는 것은 살점을 도려내는 아픔이었다.

나는 시궁창 냄새 진동하는 그곳에 내 뼈를 묻을 각오를 했었다.

성도들도 모두 내가 그렇게 할 것이라고 생각하고 있었다.

전혀 예상하지 못했던 이별은 성도들에게 큰 상처와 아픔을 주었다.

인간적으로는 정말 그곳을 떠나고 싶지 않았다.

코를 막아야 했던 시궁창 냄새는 어느덧 구수한 된장찌개 냄새처럼 향긋해졌고, 집안 곳곳에 가득한 바퀴벌레와 벼룩과는 친해진지 오래였다.

그곳은 고향이었고 따뜻한 어머니의 품이었다.

성도들의 발을 닦아주고 그들과 울고 웃으며 지낸 시간은 이 세상 무엇과도 바꿀 수 없는 가장 아름다운 시절이었다.

나는 그곳에서 심령이 가난한 자가 왜 천국을 소유하게 되는지 경험했다.

지극히 낮아진 자에게 주시는 하나님의 위로와 평강을 매일 느꼈다.

예수님의 얼굴을 대면하고 천국을 오르내리는 깊은 기도를 체험했으며, 천사를 만났고 죽은 자를 살리시는 주님의 능력을 내 몸 곳곳에 그리스도의 흔적으로 새겼다.

나는 그곳에서 세계를 향한 선교의 열정을 불처럼 토해내고 싶었다.

그곳의 젊은이들을 훈련시켜 아시아와 구 공산권, 그리고 불교권과 힌두권, 이슬람권으로 파송하고 싶었다.

바로 그곳이 세계 대 부흥의 진원지가 되기를 간절히 바랐다.

더구나 사랑하는 아내를 그곳에 홀로 두고 간다는 생각을 하면 발길을 뗄 수가 없을 것 같았다.

성전 건축공사는 계속 진행 중이었다.

많은 수고와 많은 돈이 계속 필요한 상황이었다.

아내 혼자서는 도저히 감당할 수 없는 일이었다.

영국 유학이라는 호사를 누릴 정황이 전혀 아니었다.

하지만 단 한분, 하나님만이 "지금이 바로 떠날 때다"라고 말씀하고 계셨다.

나는 하나님의 시간에 내 시계를 맞추어야 했다.

나쁜 남편

영국행 항공권을 예약하기 위해 처음 영국으로 갈 때 이용했던 여행사를 다시 찾았다.

"영국에 도착한 후 오래지 않아 송금해드리겠습니다."

여행사 사장은 지난번 출국 때 약속을 지켰던 때문인지 쉽게 승낙해 주었다.

매달 2,000달러의 후원이 약속돼 있었지만 그것은 구두 약속일 뿐 실제 받은 돈은 없었기에 출국 당일까지도 항공요금을 지불할 수 없었다. 나중에 항공료는 마원석 목사님께서 빌려 주신 돈으로 갚을 수 있었다.

공항까지 배웅을 나온 성도들, 그리고 사랑하는 아내 김은주 선교사, 우리는 한참 동안 통곡 섞인 아픈 포옹을 나눈 뒤 딸아이의 손을 잡고 영국행 비행기에 올랐다.

비행기는 굉음을 일으키며 달리더니 이내 육중한 기체를 들어올렸다.

아내를 두고 떠나는 내 마음은 갈갈이 찢어졌다.

유학 기간 동안 교회와 선교지를 돌보는 일은 오로지 아내 혼자의 몫이었다.

더구나 건축 중인 한알의밀알교회 성전 공사는 언제쯤이 완공일일지 아무도 예측할 수 없는 최악의 상황이었다.

아내는 단 1 달러의 건축비 지원도 확정되지 않은 상황에서 대지 1,000평에 연면적 450평 규모의 대형 공사를 혼자 마무리해야 했다.

내가 떠난 빈자리를 채우기 위해 아내가 죽을 고생을 한 것은 그때가 처음이 아니었다.

내가 한국에서 처음 개척교회를 할 때의 일이다.

우리는 어느 달동네 건물의 2층을 빌려 교회를 개척했는데, 예배당의 일부를 칸막이로 나누어 살림집으로 사용해야 했기 때문에 모든 것이 협소하고 불편했다.

더구나 작은 방 하나에는 술주정꾼 아버지와 중풍으로 몸이 불편하신 어머니를 모셔야 했고, 다른 방에는 갓난쟁이 딸 샬롬과 아내 그리고 나 셋이 기거했다.

큰 사건은 평소 술을 많이 드시는 아버지로부터 시작됐다.

어린 나를 무릎에 앉혀 놓고 논어를 읽어주실 만큼 다정했던 아버지, 그는 덕망 높고 부유한 유학자셨다.

하지만 한국전쟁은 아버지의 모든 것을 앗아갔고 결국은 모두에게 손가락질 받는 술주정꾼이 되셨다.

술에 취한 아버지는 예배 중에 교회당으로 들어와 소리를 지르며 난동을 부리시는 일이 많았다.

그렇지 않아도 전도가 힘든 개척교회에서 교인이 늘어날 리 만무했다.

그런 소란이 있을 때마다 나는 가방을 챙겨들고는 20일 또는 40일 금식기도를 하기 위해 기도원을 찾았다.

내가 떠난 빈자리, 모든 것은 아내의 몫이었다.

하루 세 끼 따뜻한 밥을 지어 시부모님을 봉양하는 것도, 만취한 아버지가 실수로 지려놓은 솜이불을 터 빨래를 하는 것도, 아직 돌도 안 된 샬롬에게 젖을 물린 채 기저귀를 빠는 것도, 가끔씩 찾아드는 교인들을 웃음으로 맞아 칼국수라도 끓여 대접하는 것도 모두 아내의 몫이었다.

심지어 주일과 수요예배, 새벽예배 설교와 인도, 심방까지 모두 아내가 담당해야 했다.

아내 또한 나와 같은 신학교를 졸업한 전도사 신분이었기 때문이다.

밀린 월세와 공과금 그리고 모든 생활비까지, 경제적인 문제 또한 아내가 홀로 감당해야 했다.

당시 개척교회는 빈곤한 달동네에 있었고 몇 안 되는 교인 전부가 그 동네의 주민이었다. 따라서 교회에서 나오는 헌금으로 월세를 낸다는 것은 상상할 수도 없었고, 오히려 교인들이 올 때마다 작은 것이라도 공궤해야 할 상황이었다.

교회의 재정적 형편은 이루 말할 수 없이 비참했다.

밀린 월세와 공과금을 내기 위해, 시부모님과 딸의 생활비를 마련하기 위해, 교인들에게 나누어줄 그 무엇인가를 구입하기 위해 아내는 밤잠을 줄여가며 책을 써야 했다.

결혼 전 아내는 극단을 꾸려 운영할 정도로 연극에 대한 이해가 깊었고, 극작가로서의 천부적 자질도 갖고 있었기에 책을 써 원고료를 받는 것이 가능했다.

아내는 내가 기도원으로 떠날 때마다 '집과 교회 걱정은 말라'며 따뜻한 미소로 등을 다독였지만 그녀가 홀로 감당했어야 할 고통과 외로움은 얼마나 컸을까?

나는 아주 나쁜 남편이었다.
그리고 또 다시 나쁜 남편이 되기 위해 아내를 홀로 남겨두고 영국으로 갔다.

375 파운드

막상 영국에 도착하니 딸아이가 학교 기숙사를 들어가기 위해서는 한달을 더 기다려야 했다.
우리는 급한 대로 정재용 목사님이 알던 사람이 쓰다가 떠난 빈방을 임시로 사용하기로 했다.
그런데 그 방은 전기와 가스가 끊긴 방이었다.
방주인이 방을 비우면서 전기와 가스를 모두 중단시켜 놓고 간 것이다.
난방이 되지 않는 방안에서 나와 딸아이는 며칠을 벌벌 떨면서 보내야 했다.
연평균 기온이 26도에 가까운 열대지방에서 살다가 온 우리에게 버밍엄의 겨울 추위는 너무나 견디기 힘든 혹독한 시련이었다.

시련은 추운 날씨만이 아니었다.

영국에 도착한 지 며칠 못되어 마원석 목사님으로부터 한 통의 전화가 왔다.

학교의 재정상황이 좋지 않아 당초 약속했던 학교 후원금을 지급할 수 없게 되었다는 내용이었다.

우리 부녀는 금식기도를 시작했다.

그 춥고 낯선 타국에서 우리가 바라볼 분은 오직 하나님뿐이었다.

기도 중에 성령께서 "미국에 있는 후원자에게 이메일을 보내 일 년치 후원금을 일시에 보내달라고 하라. 나머지 필요는 내가 또 채우리라"라고 말씀하셨다.

나는 갑작스런 제안이어서 거절당할 수 있겠다는 생각이 들었지만 성령의 음성대로 홍석구 장로님에게 메일을 보냈다.

홍 장로님은 며칠 후 정확하게 12,000달러를 송금해 주셨다.

당시 환율로 계산해 환전을 하고보니 손에 쥔 돈은 7,540파운드였다.

등록금을 내고나면 40파운드가 남는 금액이었다.

나는 얼른 학교로 달려가 학비부터 냈다.

영수증을 받고 막 사무처를 나오려고 하는데 수납직원이 나를 불렀다.

"일라이자 킴, 잠깐만 기다려주세요."

순간, 덜컥 겁이 났다.

겨우 40파운드가 남았는데 학생회비 등의 명목으로 더 내야 할 것이 있다면 단 1파운드도 남지 않게 될 수도 있었다.

수납직원 앞으로 돌아가는 그 짧은 시간 동안 많은 생각이 머릿속을 어지럽혔다.

"현금으로 내는 경우 5 퍼센트를 할인해 주는 제도가 있는데 깜빡 잊어버렸네요."

매를 맞으러 갔다가 선물 꾸러미를 받은 격이었다.

수납직원은 375파운드를 다시 돌려주었다.

그 돈은 정확히 내가 묵고 있었던 방을 정식으로 계약해 얻을 수 있는 월세였다.

하나님은 그 후에도 당신의 약속대로 나의 필요를 조금도 부족함 없이 채우셨다.

"여보, 얼마나 아팠소!"

영국 유학생활에서 가장 좋았던 것을 꼽으라면 어떤 방해도 없이 마음껏 독서하고 공부할 수 있는 환경을 제공받았다는 것이다.

대학 4년 동안 새벽까지 도서관에 앉아 영어 원서를 5천 권씩이나 탐독했을 정도의 광적인 독서 습관은 그곳에서도 유감없이 발휘되었다.

버밍엄 대학의 도서관뿐 아니라 옥스퍼드대학과 케임브리지대학 등 유서 깊은 영국의 대학 도서관들을 다니며 수천 권의 책들을 읽었다.

다만 달라진 것은 독서의 목적이었다.

대학시절에는 모든 학문을 통합해 보겠다는 개인적 야망에 사로잡혀 있었지만 영국에서는 죽어가는 유럽교회와 성장해가는 이슬람을 연구하라는 주님의 명령에 순종하기 위함이었다.

목적이야 어쨌든 내게 가장 행복한 시간은 퀴퀴한 곰팡이 냄새나는 고서들에 파묻혀 딱딱한 도서관 의자에 앉아 독서를 하는 것이었다.

영국에서 누린 독서의 즐거움을 이야기하면서 빼놓을 수 없는 것이 두 가지 있다.

하나는 버밍엄 크리스천 칼리지에 관한 것이다.

나는 그곳에서 석사과정을 수료했다.

버밍엄 대학에서 4학기 동안 박사과정 56개 과목을 이수하는 것도 벅찼지만 크리스천 칼리지에서 유대교와 이슬람, 포스트모더니즘과 종교철학 등을 더 깊이 연구하고 싶은 욕심 때문이었다.

그런데 더 기쁜 일은 학문적 즐거움 외에 김남수 선교사님과 학장님의 배려로 학교에 있었던 웨슬리 관련 책 7천 권 정도를 아주 싼 값에 살 수 있었다는 것이다. 더구나 책값은 순복음런던교회에서 전액 헌금해 주셨다.

다른 이야기 또한 책과 관련된 것이다.

세계 최초, 최고의 헌책방 마을 헤이온와이(Hay On Wye) 이야기다.

영국 웨일즈 지방에 위치한 헤이온와이는 헤이강을 낀 와이라는 마을에서 유래된 명칭이다. 이 마을은 동네 전체가 중고서점인데 전 세계에서 가져온 헌책들로 마을이 가득 차 있다고 해도 과언이 아니다.

책의 가격 또한 놀라울 정도로 싸다. 그렇다고 하여 아무렇게나 정리되어 있는 것도 아니다.

일반서점과 마찬가지로 주제별로 정리가 되어 있고 오래된 서적부터 최근 서적에 이르기까지 다양하다.

나는 자주 이곳을 찾아 그동안 보고 싶었던 책들을 찾아 구입하면서 즐거운 시간을 보냈다.

산처럼 쌓인 헌책에 파묻혀 지내는 시간들이 내게는 한없이 행복했다.

가끔씩 희귀한 책을 찾았을 때는 무슨 보물이라도 찾은 양 환호를 지르기도 했다.

그렇게 영국 유학생활이 안정되어 가던 어느 날, 필리핀에 있는 아내 김은주 선교사가 성전 건축비 마련을 위해 21일 금식기도에 들어간다는 소식을 전해왔다.

선교지에서 선교사의 유일한 무기는 기도뿐임을 너무도 잘 알고 있었고, 아내 또한 가끔 금식기도를 해온 터라 마음은 아팠지만 일상적인 선교보고로 생각하고 있었다.

그런데 금식 후 열흘이 지났을까?

수화기를 통해 들려온 아내의 목소리는 거반 죽어가는 사람의 신음에 가까웠다.

자신의 현재 상태를 알리는 몇 마디의 말을 하는 것조차도 무척 힘들어했다.

급기야 며칠 동안은 통화도 되지 않았다.

나는 영국에서 발만 동동 구르며 시간마다 전화를 했다.

다행히 14일이 지났을 때 겨우 통화가 되었는데 아내의 목소리는 금식 전처럼 또렷하고 선명했다.

"열흘째 되던 날부터 심한 하혈을 하게 되었어요. 많은 피를 쏟다보니 정신이 혼미해졌어요. 어느 순간, 나의 영혼은 몸을 빠져나왔어요. 내 육체는 이불이 다 젖도록 피를 흘린 채 비참하게 죽어 있었어요. 그리고 천국으로 올라가게 되었는데, 예수님을 보았어요. 주님이 물으시더군요. 천국에서 가장 보고 싶은 것이 무엇이냐고. 그래서 내가 영원히 살 집을 보고 싶다고 했어요. 하나님의 집을 짓다 다 못 지어서 그랬나 봐요. 그랬더니 천사가 홀연히 나타나서 생전 보지도 못한 수많은 보석으로 지은 찬란한 집을 보여주었어요. 그 집에는 저의 이름이 큼직하게 새겨져 있었어요. 너무나 감격스러웠어요. 그 옆에 당신 집도 있고, 당신의 이름도 새겨져 있었어요. 기뻐서 어쩔 줄 모르고 있는데 주님이 다시 나타나셨어요. 예수님의 얼굴을 보자 덜컥 겁이 났어요. 저를 다시 세상으로 보내려 한다는 생각이 들었거든요. 저는 절대 내려갈 수 없다며 선수를 쳤어요. 천국에서 주님과 살고 싶다며 떼를 부렸어요. 그때, 주님께서 '사랑하는 딸아! 너의 소망을 이룰 때가 가까웠느니라. 조금만 더 기다리고 인내하라. 때가 차면 내가 너를 세워줄 것이다'라고 말씀하셨어요. 맑은 물소리 같은 온화한 음성이었어요."

주님의 말씀에 순종하겠다는 말을 마치자마자 아내는 깨어났다.

하혈은 멈추었고 알 수 없는 힘이 샘솟기 시작했다.

아내는 엎드려 감사의 기도를 드렸다.

이때 또다시 하나님의 음성이 들렸다.

'사랑하는 딸아, 너는 나의 몸 된 교회를 세워라.'

아내의 잔인한 간증을 듣고 있는 나의 마음은 수만 갈래로 참혹하게 찢겨져 나갔다.

다른 사람의 간증이었다면 나는 '아멘 아멘' 하면서 은혜를 받았을 것이다.

하지만 내 아내가 직접 당한 고난일 뿐 아니라 그 고난은 내가 제공한 것이나 다름없었다. 내가 당할 고난을 아내가 대신 당하고 있는 것이었다.

나는 세상에서 가장 나쁜 남편이었다.

'여보, 얼마나 아팠소. 얼마나 외로웠소. 남편과 딸까지 떠난 먼 타국에 홀로 남아 그 힘든 고난을 견디었소. 이불이 흥건히 젖도록 흐르는 피를 바라보며 얼마나 두렵고 무서웠소. 나는 무엇 때문에 당신을 거기에 두고 여기에 있단 말이오. 내가 당신 곁에 있었다면 따뜻하게 손이라도 잡아 줄 수 있었을 텐데. 마구 엉클어진 머리카락이라도 단정하게 올려 줄 수 있었을 텐데. 이 먼 곳에 있는 나는 당신을 위해 아무 것도 할 수가 없구려. 나는 참 못난 남편이요. 참 몹쓸 남자요. 미안하오. 정말 미안하오.'

　나는 금식하며 눈물로 기도했다.
　"하나님, 영국도 싫습니다. 박사 학위도 싫습니다. 사랑하는 아내가 저렇게 고통 받고 있는데 저는 아무것도 할 수 없습니다. 필리핀으로 돌아갈 수 있도록 허락해 주세요. 그곳에서 영혼을 살리는 일을 하도록 허락해 주세요."
　성령께서 조용히 말씀하셨다.
　'사랑하는 아들아, 네가 받을 고난이 있고 네 아내가 받을 고난이 있다. 네가 해야 할 일이 있고 네 아내가 해야 할 일이 있다. 너는 이곳에서 나의 일을 이루어라.'
　내가 고통 중에 몸부림치는 가운데에도 아내는 금식기도를 계속했다.
　21일째 되던 날 아침, 아내의 기도는 멀리 일본에서 응답되었다.
　하나님은 동경에서 큰 김치공장을 경영하고 있는 어느 집사님의 손을 통해 정확하게 성전 바닥 공사대금을 송금해 주셨다.
　평소 나와 알고 지냈던 그 집사님은 꿈에 내가 두 손을 들고 거리를 헤매며 울고 다니는 모습을 보았고, 급히 필리핀으로 전화를 걸어 자초지종을 알게 되면서 헌금을 하게 된 것이다.

동역자 샬롬

영국 유학생활을 이야기하면서 딸 샬롬에 관한 이야기를 하지 않을 수 없다.

샬롬이 잉태된 건 우리 부부가 결혼한 지 약 1년째 되던 해였다.

당시 나는 임지도 없는 신학교 졸업생이어서 전혀 수입이 없었다.

당시 본가와 처가의 형편이 모두 어려웠기에 마땅히 도움을 청할 곳도 없었다.

이곳저곳을 전전하다 그 해에는 경기도 군포시 어느 학원 옆에 딸린 작은 집에 살고 있었는데 도로변에 있는 창고를 개조해서 만든 집이었다.

여름이면 찜통 안에 앉아 있는 것처럼 더웠고, 밤이면 지나가는 차 소리 때문에 잠을 잘 수 없을 정도였다.

아내는 그곳에서 샬롬을 가졌다.

임산부는 과일도 잘 생긴 놈으로 골라 먹어야 한다지만 아내는 먹을 쌀조차 없어 번번이 수돗물로 허기진 배를 채워야 했다.

그러다보니 어쩌다 음식이 생겨 먹더라도 자주 토하곤 했다.

한번은 장모님이 쌀 한 가마니를 보내셨다.

꿈에서 당신의 딸이 쌀통에서 쌀을 찾느라 애쓰는 모습을 보고 마음이 좋지 않아 혹시나 우리들이 굶고 지내는 것은 아닌가하여 쌀을 보낸 것이었다.

그날, 장모님이 사온 두부를 맨손으로 들고 너무나 맛있게 먹던 아내의 모습이 아직도 눈에 선하다.

임산부가 배고프니 태아도 많이 배고팠을 텐데, 이듬해 샬롬은 한 조산원에서 건강하게 태어났다.

그런 샬롬이 영국에서는 의젓한 중학생이 되어 엄마를 대신해 집안일을 도맡아 했고, 심지어는 아르바이트를 해 생활비까지 보탰다.

샬롬은 학교에서 돌아오는 대로 아기를 돌보거나 초등학생들에게 공부를 가르치거나 타이핑 하는 일을 했다.

선교사 자녀이기에 당연한 연단을 받고 있다고 생각하면서도 때로는 딸이 선택하지 않은 길을 강요하는 것 같아 미안하고 안쓰러웠다.

그날은 버밍엄 대학에서 열리는 유럽학술회의에 참석하기 위해 서둘러 집을 나서야 했다. 하지만 아무리 기다려도 학교에 간 샬롬이 돌아오지 않았다.

한 번도 없었던 일이라 걱정이 되면서도 혹시 친구들과 노느라 늦는 것은 아닌가 하여 시간이 지날수록 점점 화가 나기 시작했다.

그때 저만치서 샬롬의 모습이 보였다.

샬롬은 한 영국 여자아이와 손을 잡고 깔깔 거리며 집으로 걸어오고 있었다.

그 모습을 보자 화가 머리끝까지 치밀어 올랐다.

나는 샬롬 앞으로 성큼성큼 다가가 손을 거칠게 잡아끌면서 집안으로 들어갔다.

샬롬의 친구는 많이 놀랐는지 놓친 손을 거두지도 못한 채 그 자리에 서서 우리 부녀를 멍하니 바라보고 있었다.

"너는 지금 아빠가 얼마나 중요한 모임에 가야 하는 줄 아니?"

나는 소리를 지르고도 분을 삭이지 못해 씩씩거렸다.

그런 나를 샬롬이 차갑게 노려보고 있었다.

나는 샬롬의 눈빛에 제압당하고 말았다.

그것을 눈치 챘는지 샬롬이 오히려 내 손을 잡아끌고는 자기 방으로 들어가 문까지 잠가버렸다.

"아빠, 여기 좀 앉아 보세요."

전세는 완전히 역전되고 말았다.

"제가 필리핀에서 처음 초등학교에 들어갔을 때 기억나세요. 제가 영어 시험을 망쳤다고 아빠는 방문을 잠그고 엄마도 못 들어오게 하고는 회초리로 때리셨어요. 저는 최선을 다했지만 영어시험을 망칠 수밖에 없었어요. 국제학교에 들어갔을 때 다른 학생들은 이미 유치원에서 알파벳과 기초적인 영어단어를 배우고 온 상태여서 선생님은 그 아이들 눈높이에 맞추어 공부를 가르치셨어요. 그때 제가 얼마나 힘들고 혼란스러웠는지 아세요?"

우리는 가난해 샬롬을 유치원에 보내지 못한 채 곧장 초등학교에 입학시켰었다.

"오늘도 그래요. 학교에서는 총기사건이 있었어요. 모두 공포에 질려 울고 있었어요. 하지만 저는 예수님이 지켜주실 것을 믿고 용기를 냈어요. 제 옆에서는 아까 그 친구가 울고 있었는데 제가 잘 다독여 집까지 걸어온 거예요. 집으로 걸어오면서 우리 아빠는 목사님인데 정말 좋은 분이라고 이야기 해주었어요. 그런데 이게 뭐예요. 아빠는 항상 그 이유도 묻지 않고 혼내기부터 하시죠."

나는 샬롬 앞에 조용히 무릎을 꿇었다.

그동안 샬롬이 나에게 받았을 수많은 상처들이 날카로운 송곳처럼 가슴에 날아와 박혔다.

"많이 아팠겠구나."

"외롭고 힘들었겠구나."

"이 나쁜 아빠를 용서해 줄 수 있겠니?"

샬롬에게 그동안의 잘못에 대해 정식으로 사과하고 진심으로 용서를 구했다.

회개의 눈물이 하염없이 쏟아졌다.

나는 유럽학술회의에 가지 않았다.

우리 부녀는 오랫동안 참회와 용서의 눈물을 흘리며 서로를 위해 기도했다.

샬롬은 나의 든든한 동역자였다.

웨슬리 파라독스

영국이 세계 대 부흥운동의 진원지였음은 누구도 부인할 수 없는 사실이다.

그 이름만으로도 심장이 뛰는 부흥사역자 조지 휫필드와 존 웨슬리, 에반 로버츠, 찰스 스펄전, 로이드 존스, 던칸 캠벨이 모두 영국인이다.

또한 세계적 선교사인 윌리암 캐리와 허드슨 테일러 둘 모두 영국인이다.

나는 서둘러 그 부흥의 현장을 확인하고 싶었다.

런던에 있는 메트로 폴리탄 태버너클 교회는 찰스 스펄전 목사가, 웨스트민스터 교회는 제2의 스펄전이라 불렸던 로이드 존스 목사가 설교했던 교회였다.

웨스트민스터 교회 성전에 들어서 강단을 바라보았을 때, "부흥이란 인간의 조직이나 꾀로서 되는 것이 아니며 오직 하나님의 간섭으로만 되는 것"이라고 선포했던 로이드 존스 목사의 생동감 넘치는 설교가 들리는 듯한 감동을 받았다.

브리스톨에서는 2천 명이 넘는 고아들을 기도로 양육하며 평생 5만 번 이상의 기도 응답을 받았다는 죠지 뮬러의 발자취를 더듬을 수 있었고, 그 시내 한복판에서는 존 웨슬리가 처음 사역했던 교회도 만날 수 있었다.

그곳은 웨슬리와 휫필드가 처음 옥외 전도를 시작했던 곳으로도 유명했다.

글로스터에서는 휫필드의 생애를 볼 수 있었다.

사람들은 그가 설교할 때 마치 하늘의 음성을 직접 듣는 것 같았다고 표현했다고 한다.

나도 그의 위대한 설교를 직접 듣고 싶었다.

하지만 나를 더 감동시킨 곳은 웨일즈였다.

잉글랜드에서 부흥운동을 일으켰던 웨슬리와 휫필드는 제2,3세대가 없어 부흥이 지속적으로 이루어지지 않았지만, 웨일즈에서는 제1세대인 다니엘 로랜드와 하웰 해리스를 이어 토마스 찰스가 제2세대로서 부흥을 지속적으로 일으켰고, 이는 결국 제3세대로 볼 수 있는 에반 로버츠를 통해 웨일즈 대 부흥운동으로 이어졌다는 측면에서 아주 깊은 감명을 주었다.

나는 모리아 장로교회 앞에 서 있는 에반 로버츠의 동상을 보며 "오 하나님, 나를 깨뜨려주옵소서"라고 갈망했던 그의 기도를 들을 수 있었다.

그는 그 기도에 대한 응답으로 1904년과 1905년, 불과 2년 사이에 10만 명이 회심하는 역사상 가장 놀라운 대 부흥을 경험할 수 있었다.

더구나 웨일즈 부흥의 현장은 세계적인 대 부흥이 일어났던 지역이라고는 믿기지 않을 만큼 모든 부흥의 진원지가 조그만 마을이라는 점에서 더 큰 영적 울림을 주었다.

나는 그렇게 2년 동안 유럽의 187개 교회를 직접 방문했다.

하지만,

하지만,

하지만,

현재 영국교회에는 웨슬리도 횟필드도 로버츠도 모두 죽고 없었다.

영국교회의 실상은 한마디로 참담했다.

예배 없는 웨스트민스터사원을 비롯한 웨슬리의 발자취는 관광객들의 눈요기거리가 된 지 오래였고, 관광 가이드들은 입만 떼면 웨슬리를 팔고 있었다.

웨슬리는 영국의 대표적인 부흥사역자이자 대표적인 관광 상품이었다.

미국의 기독교사회학자 토니 캠폴로가 "영국은 기독교를 관광명소로 만들었고, 미국은 기독교를 기업화했다"고 꼬집은 것은 결코 과장이 아니었다.

영국의 크리스천 리서치의 통계에 따르면, 1990년대 후반에 들어서 영국에서는 해마다 220개의 교회들이 폐쇄되고 있는 실정이고, 5백년 이상의 역사를 가진 성공회 교회 5,500군데의 평균 주일예배 참석 인원은 불과 십여 명에 그치고 있다고 한다.

최근에는 최초로 한글성서를 번역한 존 로스 선교사와 한국 개신교의 최초 순교자 로버트 토마스 선교사를 파송했던 교회도 결국 문을 닫았다는 슬픈 소식을 듣게 되었다.

2004년 미국 남침례교는 영국을 선교지로 인정했고, 한국의 많은 교단들 또한 영국에 대한 역선교의 필요성을 공감하고 있다.

영국의 실제 기독교 인구는 전체인구의 7%에 못 미치며, 그 인구 또한 60세 이상의 노인이 대부분이다.

영국은 더 이상 기독교 국가가 아니다. 기독교는 텅 빈 교회건물과 형식적인 법과 행정서류 속에 껍데기로 남아 있다.

보다 심각한 것은 영국 신문에서 교회건물 매각 광고는 더 이상 놀라운 뉴스가 아니라는 사실이다.

수많은 교회건물이 더 이상 성전이 아니다.

버밍엄에 도착해 샬롬과 처음 찾았던 한 교회는 술집으로 변해 있었다.

건물은 분명 교회인데, 실내는 고급 술집으로 개조돼 있었고 주일인데도 버젓이 장사를 하고 있었다.

설교 강단에는 고급 위스키가 즐비하게 진열돼 있었다.

성가대석은 손님들이 앉아 술잔을 기울이는 바(bar)로 만들어져 있었다.

나는 그 술집을 나오면서 얼마나 울었는지 모른다.

주님의 애통함을 생각하며, 순교자들의 피를 생각하며 울고 또 울었다.

그 술집을 나와 다시 찾은 멋진 대리석의 교회는 창고로 사용되고 있었다.

텅 빈 예배당 안에는 컨테이너가 쌓여 있었고, 창고 운영이 잘 안 되는지 마당 구석에는 "For Sale"이라고 적힌 팻말이 세워져 있었다.

겨우겨우 어렵게 예배를 드리고 있는 교회를 찾아 들어갔지만 일 천 명이 넘게 들어 갈 수 있는 큰 예배당 안에는 겨우 열 명 남짓한 할머니 할아버지들이 모여 설교를 듣고 있었다.

성도들은 난방도 안 되는 곳에서 초라한 모습으로 예배를 드리고 있었다.

나중에 방문한 어느 교회는 운영이 어려워 성공회와 감리교가 합쳐 예배를 드리고 있었는데 한 주는 성공회 목사가 설교를 하고 그 다음 주는 감리교 목사가 설교를 하는 형식으로 예배를 드린다고 했다.

런던 근교에 있는 한 교회는 아파트로 개조돼 있었다. 찬양소리가 울려 퍼져 나왔을 유리창에는 누군가의 빨래가 어지럽게 널려 있었다.

버밍엄의 어느 교회는 나이트클럽으로 개조되어 밤마다 현란한 네온사인을 통해 사람들의 발길을 유혹하고 있다.

나중에 알게 된 것이지만 교회가 관광명소로, 아파트로, 술집으로, 나이트클럽으로, 상점으로, 정원 전시관으로, 심지어 카지노로 개조되어 사용되는 것은 울 일도 아니었다.

아니 오히려 교회가 술집이나 나이트클럽으로 매각되는 것이 나았다.

영국의 수많은 교회가 이슬람사원과 힌두사원, 불교사원으로 팔려

나가고 있었기 때문이다.

내가 방문했던 한 교회 건물 중앙에는 십자가 대신 이슬람교를 상징하는 아랍어 문양이 새겨져 있었다.

어느 교회는 이슬람교 라디오 방송국으로 변해 있었다.

이슬람은 헐값에 교회를 사들여 자신들의 사원을 세우고 있었다.

"멸망의 가증한 것이 거룩한 곳에 선 것을 보거든…그 날들이 환난의 날이 되겠음이라 하나님께서 창조하신 시초부터 지금까지 이런 환난이 없었고 후에도 없으리라."(막 13:14~19)

영국교회의 문제는 눈에 보이는 예배당의 변질과 퇴락만이 아니었다.

내가 인터뷰한 많은 영국교회 목회자들은 예수 그리스도를 유일한 구원자로 고백할 수 없다고 했다.

그들은 과감히(?) 기독교 구원의 유일성을 폐기하고 타종교의 구원 가능성을 현실적으로 받아들이고 있었다.

예수 그리스도는 많은 구원의 방법 중 그들이 선택한 하나에 불과했다.

이러한 종교다원주의에 깊이 빠져 있는 목회자들은 무슬림에게 교회 예배당을 집회 장소로 제공하는 일도 서슴지 않았다.

영국의 187개 교회를 돌며 2년 동안 기록한 설교제목들의 목록 어디에도 예수그리스도의 십자가, 천국, 중생, 구원은 없었다.

그들의 설교는 윤리와 화해, 구제, 이웃과의 친교에 갇혀 있었다.

당시 영국교회와 무슬림에 정통한 어느 학자는 얼마 지나지 않아 영국에서는 기독교가 사라질 것이며, 그 자리는 무슬림이 채우게 될 것이라고 경고한 바 있다.

그것은 한 학자의 탁상이론이 아니었다.

실제 영국에서는 그 참담한 비극적 역전이 빠른 속도로 진행되고 있었다.

나는 그곳에서 주님께서 예언하신 종말적 대환난의 전조를 똑똑히 목도할 수 있었다.

제3부

보스턴으로 가라!

"너는 보스턴으로 떠나라!"

영국교회의 참담한 실상을 목격한 나는 마음이 급해졌다.

빨리 한알의밀알교회로 돌아가 필리핀 젊은이들을 훈련시켜 퇴락해가는 유럽교회를 다시 부흥시키고 싶었다.

황폐화된 유럽교회 안에서도 나이지리아나 케냐 등 제3세계에서 온 성도들을 중심한 독립교회나 오순절교회는 조금씩이나마 성장하고 있는 모습을 보았기 때문이다.

유학생활을 빨리 끝내기 위해 밤잠을 줄여가며 박사학위 논문을 썼다.

하지만 2년6개월 만에 학위를 받을 수 있을지는 미지수였다.

학교 측에서는 2년간의 박사과정을 수료한 후 1년간 논문을 작성하

는 것을 원칙으로 하고 있었고, 영국 본토 학생들도 6,7년 만에 박사학
위를 받는 경우가 많았기 때문이다.

그러나 나는 그럴 여유가 없었다.

빨리 필리핀으로 돌아가 아시아 교회들이 유럽교회에 진 선교의 빚
을 갚아야 했다.

다행이 3개월 만에 논문을 완성할 수 있었다.

논문을 제출하고 초조하게 심사결과를 기다리던 어느 날, 필리핀에
있는 아내로부터 전화가 왔다.

아내의 목소리는 흥분으로 떨리고 있었다.

난 너무나 큰 그리움 때문에 목이 메여서일 것이라고 생각했다.

그러나 아내는 내가 필리핀이 아니라 보스턴으로 가야 한다는 엄청
난 말을 했다.

환상을 통해 보여주신 하나님의 뜻이라는 것이었다.

'이번엔 보스턴으로 떠나란 말인가?'

목구멍에 큰 가시를 박아놓은 것 같은 불편함이 밀려왔다.

보았다는 그 환상을 없었던 것으로 하고 싶었다.

그만큼 아내와 필리핀교회에 대한 애착이 컸다.

하나님의 일방통행에 대해 나는 반박하고 싶었다.

또다시 한 번도 가본적도 없고, 아는 사람 하나 없는 보스턴으로 떠

나라니, 정말 화가 나 견딜 수가 없었다.

인간은 매일 만나와 메추라기를 먹어도, 바위를 갈라 생수를 마셔도 다시 광야로 가라고 하면 손사래를 치는 것이 인지상정인가보다.

광야에서 매일매일 하나님의 현존을 목도하기 보다는 어서 빨리 안전한 가나안 땅으로 들어가고 싶었다.

지겨운 광야를 하루라도 빨리 벗어나고 싶었다.

지금까지 훈련한 노련한 칼솜씨를 발휘해 적들을 물리치고 여리고성을 함락시켜 나의 지경을 넓히고 싶었다.

더 이상의 훈련은 정말, 정말 노 땡큐!

이 정도면 되지 않았습니까?

"여보, 나도 당신이 빨리 필리핀으로 돌아오기를 그 누구보다도 더 원하고 있어요. 내가 샬롬을 얼마나 만나고 싶어하는지 당신이 더 잘 알잖아요. 저도 우리 세 식구가 한 집에 모여 살 수 있는 날을 손꼽아 기다려 왔어요."

아내의 울먹이는 목소리는 호소력이 깊었지만 아무 말도 들리지 않았다.

"지금은 아무 말도 하고 싶지 않아!"

나의 목소리는 격앙돼 있었다.

"여보, 그럼 이 꿈은 누가 주신 거죠?"

나의 단호한 태도에 놀랐는지 아내도 목소리의 톤을 바꾸어 강하게 반문했다.

"… …"

정답을 알고 있었지만 아무런 대답도 하지 않았다.

아니, 그 정답을 절대 말하고 싶지 않았다.

몇 분 동안 침묵이 흘렀다.

침묵을 깬 것은 아내였다.

"지금부터 작정하고 기도해 봐요. 하나님께서 당신에게도 동일하게 응답하실 거예요."

사랑의 서약

전화를 끊고 벽에 기대 앉아 멍하니 허공을 한참동안 응시했다.

그때 나의 머릿속에 떠오른 것은 전혀 뜻밖에도 이제 갓 스물을 넘은 한 처녀의 얼굴이었다.

1985년 여름, 그해 여름은 아주 특별했다.

나는 제대 후 복학 절차를 밟기 위해 본관 앞 계단을 걸어 올라가고 있었다.

그때 마침, 한 여학생이 나를 마주보며 계단을 내려오고 있었다.

그녀의 흰 블라우스는 나뭇가지 사이로 쏟아지는 푸른 햇살을 받아

마치 옥색처럼 보였고 보라색 치마가 유독 잘 어울렸다.

비록 상투적인 표현이긴 하지만 영화 속 주인공처럼 눈부시게 아름다웠다.

나의 놀란 심장은 강하고 빠르게 방망이질을 해댔다.

혈액은 빠르게 산소를 운반하고 있었지만 제대로 숨을 쉴 수가 없었다.

순간, 바람도 멈추고 새소리도 멈추었다.

교정을 오고가던 사람들도 모두 멈추어 섰다. 시계탑의 시계바늘도 더 이상 움직이지 않았다.

움직이는 것은 오직 그녀, 단 한 사람이었다.

나를 향해 걸어오고 있었다.

쑥스러운 고백이지만 이미 나는 그녀를 알고 있었다.

군에 있는 동안 학교에 다니고 있던 절친한 친구로부터 그녀에 대한 이야기-예쁘고 날씬하고 지적이고 기도 잘하는 여자 신입생이 들어왔다-를 많이 들어왔던 터였다.

그래서 한번은 그녀가 매주 금요일마다 기도하러 간다는 삼각산을 염탐한 적이 있었다.

나는 그녀가 기도하는 그곳이 무슨 거룩한 지성소라도 되는 냥 가까이 가지 못하고 먼발치에서 그녀의 기도하는 옆모습을 훔쳐보다 그녀의 기도소리에 취해 산을 내려오는 불경죄를 저지른 바가 있었다.

나는 한 눈에 그녀가 어둠 속에서 보았던 그 여학생인지 알 수 있었다.

그녀와 눈이 마주치고 말았다.

"선배님, 안녕하세요."

삼각산에서 들었던 그 기도소리의 주인공이 분명했다.

그녀가 단정하게 미소를 지으며 가볍게 인사를 건넸다.

당시 내가 다니던 학교는 현 한세대학교의 전신인 순신대학으로 학생수가 많지 않았기 때문에 처음 보는 복학생에게 선배님이라고 인사하는 것은 그리 이상한 일이 아니었다.

하지만 나는 매우 당황한 표정을 지으며 인사를 받는 것도 안 받는 것도 아닌 어정쩡한 자세로 황급히 그녀의 옆을 지나갔다.

그리고 수업에 늦은 학생처럼 빠르게 본관을 향해 계단을 올랐다.

그날 이후, 매일 교내방송을 통해 그녀의 목소리를 들을 수 있었고, 운 좋게 마주칠 기회도 비교적 많았지만 우리 둘 사이에는 아무 일도 일어나지 않았다.

그렇게 무심히 한 해가 가고 나는 4학년이 되었다.

온 교정이 오순절 축제로 들썩이던 이듬해 봄, 나는 교내 무대에 올려 진 연극 한 편을 보게 되었다.

연극은 성 어거스틴을 주제로 한 '방황하는 어린양의 몸부림을 보라' 라는 제목이었던 것으로 기억된다.

막이 올라가자 주인공 성 어거스틴은 남장한 여자였다.

바로 그녀였다.

나는 단 한순간도 무대에서 눈을 떼지 않고 그녀가 뱉어내는 대사 한마디 한마디를 가슴에 받아 적었다.

찝찔한 액체가 혀끝에 느껴졌다.

나는 울고 있었다.

매일 도서관에 새벽까지 처박혀 신학, 철학, 역사학, 건축학, 자연과학, 정치학 등 수많은 분야의 영어 원서를 수십 권씩 탐독하며 학문통합을 이뤄보겠다는 야심에 가득 찬, 완고하고 교만한 내가 눈물을 흘리고 있었다.

초중고와 대학생활을 합쳐 내가 그때까지 읽은 책은 1만5천 권을 넘어 섰고, 그 많은 지식은 나를 철저히 이성에 사로잡힌 인간으로 만들었다.

나는 이성적 지식적 죄인이었다.

울면 울수록 회개의 깊이가 더해갈수록 나의 시선과 마음은 그녀에게 더 고정되어 갔다.

그녀를 사랑하게 되었다.

예쁘고 날씬한 여자 후배를 훔쳐보기 위해 삼각산을 찾았을 때 가졌던 젊은 사내의 단순한 호기심이 아니었다.

그녀의 영혼 깊숙한 곳까지 닿고 싶은 흠모였다.

지독한 사랑의 열병이 찾아왔다.

도서관에 온종일 들어앉아 모든 학문을 통합해 보겠다던 굳은 야망도 그녀를 향한 사랑 앞에서는 봄눈처럼 힘없이 녹아내렸다.

소나무 꼭대기에 높이 매단 스피커를 통해 들려오는 그녀의 달콤한 목소리를 들으며 그녀가 오갔던 그 계단을 오르내리고, 하릴 없이 교정 이곳저곳을 돌아다니는 것이 좋았다.

장미꽃 만나고 온 바람의 냄새, 다정히 손잡고 교정을 거니는 연인 들의 경쾌한 발자국 소리, 아카시아 꽃을 씹을 때 입 안 가득 느껴지는 풋풋하고 달콤한 맛, 눈을 뜰 때마다 파노라마처럼 펼쳐지는 아름답고 황홀한 세상.

나는 그때부터 시를 쓰기 시작했다.

물론 모든 시어는 그녀에게 집중되어 있었다.

나의 시 속에서 세상의 모든 사물은 오직 그녀만을 위해 존재하는 것들이었다.

길가에 핀 민들레 한 송이도 그랬다.

책상 위에는 그녀를 위한 시가 한 편 두 편 쌓여가기 시작했다.

하지만, 단 한 편의 시도 그녀에게 전달할 길이 없었다.

사랑했지만 고백할 용기가 없었다.

그녀는 모두에게 사랑받는 아리따운 여인이었지만 나는 미래마저 불투명한 가난한 신학생이었다.

거절할 것이 뻔했다.

그것은 죽음과도 같았다.

그렇게 여름이 가고 가을이 왔다.

한 학기만 지나면 졸업, 교정을 거닐다 우연히 그녀를 만날 일조차 없게 되는 최악의 상황이 시한폭탄에 매달린 초침처럼 빠르게 '째각' 거리며 다가왔다.

　코스모스가 모든 도로를 점령할 무렵의 어느 새벽, 나는 그녀를 꿈에서 보았다.

　그녀는 뚱뚱한 몸매에 잘 어울리는 알록달록한 몸뻬를 입은 어느 아주머니와 다정하게 손을 잡고 경천교회라고 적힌 예배당 안으로 들어가고 있었다.

　꿈속에서라도 그녀를 보니 기분이 좋았다.

　콧노래를 흥얼거리며 학교 갈 준비를 하고 있는데 한 통의 전화가 걸려왔다.

　"선배님, 저 2학년 김은주입니다."

　나는 하마터면 수화기를 떨어뜨릴 뻔했다.

　전교생이 많지 않은 우리학교의 특성상 우리 집 전화번호를 알아내는 것은 어렵지 않았을 것이다.

　왜 나에게 전화를 했을까?

　혹시 그녀도 나를 마음에 두고 있었던 것일까?

　마음은 알 수 없는 기대와 설렘으로 출렁거렸다.

　"오늘 잠시 만날 수 있을까요?"

　하나님은 정말 멋진 분이었다.

　전화를 끊자마자 면도도 말끔하게 하고 머리도 다시 감았다.

입고 있었던 옷을 벗어버리고 직장에 다니는 형의 겨울양복을 꺼내
입었다.

두껍고 체형도 맞지 않아 조금 헐렁했지만 하나님이 직접 만들어주
신 기회를 놓칠 수 없었다.

최대한 멋을 내고 약속 장소로 나갔다.

"제가 아는 선배님과 절친한 사이라고 들었습니다."

그녀는 나를 만나러 온 것이 아니었다.

중병에 걸려 요양하고 있는 가난한 선배를 돕기 위해 그와 가깝게
지내는 친구를 만나러 온 것이었다.

테이블 위로 작은 봉투 하나를 내밀었다.

"전도사 월급이라 아주 작아요. 죄송한 부탁이지만 그 선배님 만나
러 갈 때 좀 전해주세요."

그 천사 같은 마음 앞에서 나는 절망을 느끼고 있었다.

하나님이 허락한 둘만의 시간은 속절없이 흐르고 있었지만 우리의
대화는 내 친구와 학교생활 이야기를 맴돌고 있었다.

태연히 그녀의 말을 듣고, 아무렇지도 않은 듯 그녀의 질문에 고개
를 끄덕이며 미소까지 짓고 있었지만 속은 숯처럼 까맣게 타들어갔다.

하지만, 하늘이 무너져도 솟아날 구멍은 있는 법.

"오늘 아침, 은주씨 꿈을 꾸었어요."

그날 새벽에 꾸었던 꿈 이야기를 통해 그녀를 향한 나의 마음을 조
금이라도 보여주고 싶었다.

"어머, 신기한 일이네요. 그 몸뻬 입은 사람이 엄마예요. 선배님 뵙

고 나서 엄마랑 경천교회에 가기로 했는데, 놀랍네요.”

그녀는 눈까지 동그랗게 뜨며 흥미로워했다.

‘하나님, 감사합니다!’

저절로 감사의 기도가 나왔다.

“제가 쓴 시입니다.”

그 시 한 편을 건네기 위해 얼마나 많은 불면의 밤을 보내었던가?

그날 이후, 나는 그녀와 정말 우연히 마주칠 때마다, 그리고 내 머릿속에 입력된 그녀의 강의 시간표상으로 계산된 필연적 우연으로 만날 때마다 시를 건네기 시작했다.

성과는?

없었다.

그녀는 나에게 어떠한 연애 감정도 보이지 않았다.

실망은 단단한 절망의 벽돌을 만들고 절망은 포기와 단념의 담을 높이 쌓아갔다.

높아가는 절망의 담보다 더 두려운 것은 넘을 수 없다는 도전과 용기의 마침표다.

나는 마침표를 찍으려 하고 있었다.

그때 하나님의 섭리가 우리 사이에 강력하게 개입하는 사건이 일어났다.

그녀는 서울 자양동에서 전철을 타고 통학을 하고 있었는데, 어느 날 전철 안에서 하나님의 음성을 듣게 되었다.

“파토스라는 단어의 뜻을 아는 사람을 찾으라. 그가 너의 남편이 될 것이다. 그 이름은 김종O다.”

하나님은 이름의 마지막 글자는 알려주지 않으셨다고 한다.

그녀는 먼저 김종문이라는 선배를 찾아갔지만 그는 파토스의 뜻을 알지 못했다.

그 다음에 찾아온 것이 나였다.

“선배님, 파토스라는 말 아세요?”

파토스라는 단어를 듣고 놀란 것은 오히려 나였다.

“은주씨가 파토스를 어떻게 알아요?”

파토스는 철학상의 용어로 정념 · 충동 · 정열 등으로 번역되며 로고스와 상대되는 말이다.

쉽게 말해 정열을 뜻하는 말로서 내가 우리 신학교 안에 만들고자 했던 학문동아리의 이름이었다.

당시 신학교 졸업논문의 제목이 ‘학문통합의 이론과 실제’였다면 나의 학문에 대한 열정은 짐작하고도 남음이 있을 것이다.

내가 파토스의 뜻과 학문동아리에 대한 계획을 이야기하자 그녀 또한 많이 놀라는 눈치였다.

하나님이 우리 사이에 개입하시자 우리 관계는 급물살을 탔다.

“어떤 배우자를 원하세요?”

나는 그녀와 결혼하고 싶었다.

내심 ‘선배님처럼 학문에 열정을 가진 남자요’라는 대답을 기대했다.

하지만 나의 예상은 완전히 빗나갔다.

"첫째, 육과 혼의 사람이 아닌 성령의 사람이어야 하구요. 둘째, 한 영혼의 구원을 위해 생명을 바칠 수 있는 사람이어야 해요. 마지막으로 땅 끝까지 복음을 전파할 수 있는 사람을 원해요."

대학을 입학하기 전의 나라면 그녀가 원하는 사람이 나임에 틀림없었다.

초등학교 때 한 부흥회에 참석해 뜨거운 성령세례를 받았던 나는 온전히 성령에 사로잡힌 삶을 살았다.

그 어린 시절 이미 새벽기도와 철야기도를 통해 기도의 깊은 세계를 경험했고, 기도할 때 악령이 떠나가는 놀라운 기적을 체험하기도 했다.

중학교에 올라가면서 1주일에 두 번씩 금식하면서 드렸던 기도 제목은 한 영혼을 위해 생명을 바치게 해달라는 것이었고 땅 끝까지 복음을 전파할 수 있는 주의 종이 되게 해 달라는 것이었다.

그러나 대학에 들어가면서 서서히 변해갔다.

철학은 나를 철저히 육과 혼의 사람으로 만들어갔다.

나의 기도는 신학교의 교수가 되 학문을 통해 주의 종의 사명을 감당하겠다는 타협안으로 바뀌었다.

당시 나의 자아상은 그녀가 원하는 배우자 상의 정 반대였다.

“저에 대해서는 어떻게 생각하세요?”

뻔뻔한 질문이었지만 확실한 그녀의 대답이 듣고 싶었다.

“죄송하지만 선배님은 제 배우자 상과는 전혀 반대인 분 같아요.”

나는 침묵하며 고개를 숙였다.

머리 위로 그녀의 말이 이어졌다.

“선배님, 제가 가장 존경하던 박 교수님이 눈물을 흘리며 계단을 내려가는 모습을 본 적이 있어요. 그 사건 이후로 선배님은 제가 가장 싫어하는 사람이 됐어요.”

당시 나는 학교운영에 불만을 품고 학생 시위를 일으켜 수업을 중단시켰고 그 일로 몇몇 교수님들이 학교를 떠나는 사태가 발생했었다.

나는 조금만 뒤로 물러서면 수천 킬로미터의 낭떠러지 아래로 추락하는 언덕위에 위태롭게 서 있었다.

그 언덕 위로는 세찬 폭풍우가 휘몰아치고 있었다.

그 폭풍의 언덕 위에서 나는 생명의 끈을 놓으려 했다.

한남대교로 가기 위해 자리에서 일어났다.

그때 그녀가 내 손을 잡았다.

이유를 묻고 싶었지만 아무 말도 하지 않았다.

그녀가 테이블 위에 놓인 네프킨 한 장을 꺼내 들더니 무언가 조용히 써내려갔다.

하나님이 그러시네요.

당신이

내

짝이라고.

"정말이요?"

"네."

"장난치는 거 아니죠?"

"사실이에요."

"정말 하나님이 그렇게 말씀하셨어요?"

"네, 그것도 세 번씩이나요."

찻집 밖으로 나오면서 하늘을 우러러 간절히 기도했다.

"하나님, 그녀가 원하는 사람이 될게요."

20년 전 그날, 하나님 앞에서 아내와 나누었던 사랑의 서약을 또렷이 기억해냈다.

"하나님, 육과 혼의 사람이 아닌 성령의 사람이 될게요."

"한 영혼의 구원을 위해 생명을 바칠 수 있는 사람이 될게요."

"반드시, 땅 끝까지 복음을 전파할 수 있는 사람이 될게요."

나는 조용히 무릎을 꿇었다.

"주님, 정녕 이 길을 가야 합니까?"

"사랑하는 아들아, 보스턴으로 가라. 네가 그곳에서 이 마지막 때에 일어날 대 부흥을 보게 될 것이다. 이전에도 없었고 또 이후에도 없을 대 부흥을 목격할 것이다. 온 나라와 온 민족이 두 손을 높이 들고 예수 그리스도를 주로 고백하는 지구촌 최대의 부흥을 경험할 것이다. 너는 보스턴으로 떠나라! 그곳에서 이 마지막 시대를 향한 나의 대 부흥을 준비하라! 성령의 늦은 비를 기다려라!"

행콕 빌리지

인간의 마음은 흔들리는 갈대, 보스턴 행을 결정하자 하루라도 빨리 보스턴이 어떤 도시인지 눈으로 확인하고 싶었다.

우선 미국 로스앤젤레스로 가 2년 6개월간의 모든 유학비를 지원해 준 홍석구 장로님과 최종현 장로님 등 부름선교회 회원들을 만나 깊은 감사의 인사를 드린 후 보스턴으로 향했다.

하버드 대학을 방문해 하비콕스 교수를 만난 후 보스턴 행에 대한 핑크빛 희망이 피어올랐다.

그러나 얼마가지 않아 현실적인 문제에 부딪혔다.

지금까지의 모든 후원금이 중단되었다.

그래도 보스턴으로 가라고 하시는 명령에 순종해야 했다.

영국으로 돌아와 그곳 생활을 정리하고 필리핀에 들러 아내와 딸 샬롬을 데리고 다시 보스턴을 찾았을 때 우리는 물과 먹이가 고갈된 사막의 한 가운데 서 있는 느낌이었다.

수중에 단돈 100불이 전부인 우리에게는 안전하게 머물 수 있는 방 한 칸도 주어지지 않았다.

당분간 머물기로 한 작은 하숙방에 짐을 풀지도 못한 채 육신의 쉼이라도 얻으려 세 식구가 나란히 누웠지만, 어깨가 맞닿아 돌아눕기도 불편할 정도였다.

보스턴에 도착한 지 하루, 이틀, 사흘, 나흘…

아무 일도 일어나지 않았다.

누구도 우리를 찾아오지 않았다.

때때로 고요는 아픔이 된다.

"주여! 지금은 아무것도 보이지 않습니다.

주께서 붙잡아 뚝 떨어뜨려 놓으신 듯한 이곳, 지금은 아무것도 보이지 않습니다.

보이는 것은 고집스럽게 얼룩진 어둠뿐입니다.

해야 할 일이 보이질 않습니다."

조선 땅을 처음 밟았던 언더우드 선교사의 기도가 그대로 나의 기도가 되었다.

정말 아무 것도 보이지 않았다.

해야 할일이 보이지 않았다.

차가 없으니 감옥이 따로 없었다.

하숙집 주인에게 부탁해 싼 월세 집을 얻을 수 있도록 도와달라고 했다.

주인아저씨는 생활정보신문을 가져다주며 마땅한 집을 찾아보라고 했다.

신문을 뒤적이다보니 행콕빌리지라는 곳이 눈에 띄었다. 그곳은 서브리스를 할 수 있는 곳으로 1년 단위로 계약한 세입자가 10개월만 살다 나간다면 그 잔여기간인 2개월을 거주하는 방법으로 시중 월세보다 200달러가량 저렴한 1,100 달러에 세를 얻을 수 있었다.

하숙집 아저씨에게 부탁해 함께 집을 보러가기로 했다. 행콕빌리지는 하숙집과 불과 10분 거리에 있었고 하버드 의대생들이 많이 거주하는 곳이었다.

방은 비록 한 칸짜리였지만 깨끗하고 아담했다. 수도세와 난방비까지 월세 안에 포함된 금액이라는 것도 맘에 들었다.

가진 돈은 없었지만 일단 계약을 했다.

다시 하숙집으로 돌아온 날 밤, 방안엔 무겁고 긴 침묵이 흘렀다.

나는 모진 말을 해야 했다.

"샬롬아, 당분간 엄마랑 필리핀으로 돌아가 있는 게 좋겠다."

2개월이 지나면 또 비워주어야 하는 서브리스 월세 방에서 언제 학교를 보낼 수 있을지 모르는 막막한 상황에서 마냥 샬롬을 데리고 있을 수는 없었다.

"아빠, 사랑해요. 곧 돌아올게요."

우리 세 가족은 부둥켜안고 한참을 울었다.

샬롬은 영국에서 14살 나이에 가정교사와 베이비시터, 타이피스트, 번역가 등 4개의 일과 학업을 병행하며 월세 내는 것을 도왔던 아이였다.

내가 힘들고 지칠 때마다 큰 위로와 힘이 됐던 아이였다.

가난한 선교사는 가난한 선교사의 아내와 가난한 선교사의 딸을 필리핀으로 보내야 했다.

샬롬에게는 당분간이라고 했지만 그 기간이 얼마나 오래일지는 하나님 밖에는 누구도 알 수 없었다.

아내와 샬롬을 떠나보내고 이 낯선 땅에 외톨이로 남겨져야 한다는 유기감과 2달 후면 월세 방을 비워주고 또 어디로 옮겨질지 모르는 불안정한 형편을 가족들에게 고스란히 노출시키지 않아도 된다는 안도감, 미안함과 고마움, 정리되지 않은 수많은 감정이 교차했다.

며칠 후 아내와 샬롬은 필리핀으로 떠났고, 나는 미국 체류를 위한 장기비자를 받기 위해 다시 한국을 다녀와야 했다.

3번째 신청 만에 어렵사리 10년짜리 종교비자를 받을 수 있었다.

나를 후원하던 장로님은 보스턴 사역을 후원해 줄 수 없다고 하면서도 그동안 저술해 왔던 책 출판비에 보태라며 얼마간의 돈을 후원해 주셨다.

장로님께는 죄송했지만 출판비로 보스턴 행 항공권을 구입했다. 또한 남은 돈으로는 행콕빌리지의 한달치 월세를 냈다.

그렇게 보스턴에서의 본격적인 생활이 시작되었다.

"마이 네임 이즈 일라이자킴"

영어권 국가에서 나의 이름은 '일라이자 킴(Elijah Kim)'이다.

어릴 적 보았던 들장미 소녀 캔디라는 만화에서 테리우스를 좋아해 주인공 캔디를 무지 무지 괴롭혔던 이라이자를 떠올리는 사람도 있을 수 있겠다.

하지만 내 이름 일라이자는 성경 속 엘리야의 영어식 발음이다.

엘리야는 어떤 인물인가?

엘리야를 알려면 그가 살았던 시대를 눈여겨 볼 필요가 있다.

"그 시대에 벧엘 사람 히엘이 여리고를 건축하였는데 저가 그 터를 쌓을 때에 맏아들 아비람을 잃었고 그 문을 세울 때에 말째 아들 스굽을 잃었으니 여호와께서 눈의 아들 여호수아를 통하여 하신 말씀과 같이 되었더라"(왕상16:34)

그 시대의 영적 상태를 단적으로 보여주는 말씀이다.

여리고성은 출애굽 한 이스라엘이 요단강을 건너 최초로 하나님의 권능으로 점령했던 곳이다. 그때 여호수아는 여리고성을 다시 건축하는 자는 하나님의 저주를 받을 것이라고 했었다.

그런데도 불구하고 히엘이 여리고성을 재건한 것은 아합과 이세벨이 바알과 아세라의 우상에 깊이 빠진 결과였다.

지금의 시대가 그렇다.

사람들은 절대 함락되지 않는 자신들의 여리고를 재건하느라 바쁘다.

"형제님, 세계 부흥을 위해 함께 일하지 않겠습니까?"

"목사님, 저는 저의 여리고를 쌓는 일로도 너무 바쁜 하루하루를 보내고 있습니다. 저를 안전하게 지키는 일은 난공불락의 여리고를 쌓는 일 뿐입니다. 요즘 시대가 너무 불안하잖아요. 하버드 로스쿨을 졸업한 후 국제변호사로 활동하는 것으로 직업의 여리고를 쌓을 계획이에요. 좋은 집안에서 자란 똑똑한 여자를 만나 아들 하나 딸 하나 낳는 것으로 행복한 가족의 여리고도 쌓아야겠죠. 건강의 여리고를 쌓으려면 매일 아침저녁으로 운동을 해야 하고, 미래를 위해서는 많은 저축과 보험, 그리고 확실한 연금으로 든든한 재정적 여리고도 쌓아야 할 거예요. 또 하나, 요즘은 네트워크 사회잖아요. 거미줄처럼 촘촘하면서도 튼튼한 인적 여리고를 쌓는 것은 기본이에요. 물론 남들과 어울리기 위해서는 다양한 취미의 여리고도 쌓아야겠죠. 목사님, 이렇게 바쁜 저에게 한낱 세계 부흥을 이야기하다니요. 자원봉사의 여리고를 위한 어느 국제사회단체에서의 활동이라면 모를까?"

"목사님, 세계 부흥을 위해 함께 연합하지 않겠습니까?"

"세계 부흥, 꼭 필요한 일이지요. 하지만 아직 우리 교회의 부흥을 위한 여리고도 다 쌓지 못한걸요. 전도특공대를 조직해 올해는 반드시 교인을 배가 시킬 겁니다. 이를 위해 대형버스 몇 대를 더 구입할 계획입니다. 이웃 교회에서는 감히 쳐다보지도 못할 높은 여리고를 쌓을 생각입니다. 우리가 피땀 흘려 기도하며 세운 이 높고 튼튼한 여리고는 분명 하나님께서 기뻐 받으실 겁니다. 아참, 말씀 못 드렸는데 우리 교회는 선교사 10명을 오래 전부터 후원해 오고 있습니다. 세계 부흥을 위해 일찍부터 선구자적인 역할을 감당하고 있다고 보아야지요."

여리고를 재건하는 시대에 하나님을 대변하는 선지자로 세움을 받은 이가 곧 엘리야였다. 하나님의 부름을 받은 엘리야는 아합을 찾아가 기근을 선포한다.

그 후 과연 3년 6개월간 이스라엘 지방에는 비가 내리지 않았고, 아합과 이스라엘 백성들은 극심한 기근에 시달린다.

속이 탄 아합은 엘리야를 찾아 나선다.

아합을 만난 엘리야는 바알 선지자 450명과 아세라 선지자 400명을 모아 갈멜 산에서 대결을 하자고 제안한다.

모든 백성들과 선지자들이 갈멜산에 모이게 되었다.

그곳에서 엘리야는 "너희가 어느 때까지 둘 사이에서 머뭇머뭇하려 느냐 여호와가 만일 하나님이면 그를 따르고 바알이 만일 하나님이면 그를 따를지니라"(왕상 18:21)는 그 유명한 갈멜 산 선언을 한다.

먼저 대결에 나선 바알과 아세라 선지자들은 우리 모두가 잘 아는 것처럼 저녁이 다 되도록 아무런 응답도 얻을 수 없었다.

하지만 엘리야가 기도하자 하늘로서 불이 내려와 번제물을 태운다. 모든 백성은 엎드려 "여호와 그는 하나님이시로다 여호와 그는 하나님이시로다"(왕상 18:39)라고 고백한다. 그리고 바알과 아세라 선지자 850명을 잡아 기손 강에서 처단한다.

엘리야의 이야기가 갈멜 산에서 끝났다면 나는 나의 영어 이름을 일라이자로 결정하지 못했을 것이다.

하지만 성경은 여기서 끝나지 않는다.

갈멜 산 대결 소식을 들은 아합 왕의 아내 이세벨은 엘리야를 잡아 죽이려고 한다. 그리고 그 모습을 본 이스라엘 백성들은 예전의 패역한 모습으로 돌아가고 만다.

엘리야는 이세벨을 피해 광야로 도망친다.

갈멜 산 영웅에서 도망자로 추락한 엘리야, 그는 로뎀나무 아래에서 하나님께 간구한다.

"여호와여 넉넉하오니 지금 내 생명을 거두시옵소서."(왕상 19:4)

나는 로뎀나무 아래의 엘리야다.

위스키와 라면국물

지루할 수도 있겠지만 엘리야의 이야기를 조금만 더 하자.

아합에게 가뭄이 있을 것을 경고한 후 엘리야는 하나님의 명대로 아합을 피해 요단강 앞 그릿 시냇가로 가서 숨는다.

그릿 시냇가에서의 엘리야는 분명 하나님의 임재를 매일 매일 경험하는 삶을 살았지만 실상은 처량하고 초라했다.

한국말로 '상거지'가 따로 없었다.

밤낮 없이 컴컴한 동굴 속에 숨어 지내는 도피자의 생활이었다. 까마귀가 물어다 주는 떡과 고기를 먹으며 겨우 생명을 연장했다. 떡과 고기라고 해서 엘리야가 동굴 속에서 호의호식했다고 생각하면 절대 오해다.

까마귀가 물어다 주는 떡과 고기가 오죽했겠는가?

시냇물을 마시며 지냈고, 그 시냇물 또한 극심한 가뭄으로 더 이상 마시지 못하게 되었다.

그릿 시냇물이 마르자 하나님의 명대로 시돈 지역에 속한 사르밧으로 올라가게 되고, 가뭄이 멈출 때까지 3년 동안 사르밧 과부의 집에 없혀 지내는 생활을 하게 된다.

　한국 속담에 사람은 이름을 따라간다는 말이 있다.
　보스턴 리바이벌을 선포하기 위해 미국에 들어온 나의 생활은 엘리야의 동굴생활과 크게 다르지 않았다.
　이럴 줄 알았으면 나의 영어식 이름을 솔로몬 킴으로 지을 걸 그랬다.
　그렇다면 먹을 것 걱정은 안 하고 살았을 텐데.
　하지만 이런 궁상스런 이유 때문에 불 병거를 타고 하늘로 승천한 엘리야의 해피엔딩을 포기할 수도 없는 일이다.

　한국에 있을 때 보았던 드라마인데 꽤 오래도록 기억 속에 남아 있는 장면이 있다.
　늦은 밤, 50대 가량의 남자 주인공은 어깨가 축 처진 채 집으로 돌아온다. 아파트 입구로 막 들어서려는 순간, 수위 아저씨가 주인공을 부른다.
　수위실에 앉은 두 사람.
　수위 아저씨가 술 한 병을 꺼내온다.
　뜻 밖에도 고급 위스키다.
　그러나 안주는 라면국물.
　수위 아저씨는 위스키 한 잔을 권하며 말한다.
　"안주가 라면 국물이라고 소주만 먹으라는 법 없지 않나?"

수위 아저씨, 추운 겨울 새벽마다 침침한 눈을 비벼가며 작은 손전등을 의지해 아파트 주위를 돌아야 하는 늙은 야경꾼이다.

아내도 떠나고 돌아올 자식도 없는 외톨이다.

굽은 허리를 힘겹게 세워가며 겨우겨우 움켜쥐고 있는 작은 일터가 가진 것의 전부다.

하지만 곧 그곳마저 떠나야 할 것이다.

스프만 넣고 끓인 라면국물, 숟가락이 몇 번 오가면 이내 온기를 잃는다.

온기를 지키기엔 양은 냄비가 너무 야위었다.

식어버린 라면국물 위로 굳은 기름띠가 뜬다.

곧 버려질 것이다.

수위 아저씨의 현실은, 이제는 식어버려 숟가락을 걸쳐놓은 라면국물 만큼이나 초라하다.

하지만 초라하다고 해서 천박해질 것 까지는 없다고 생각하는 것이 그 수위 아저씨가 위스키를 마시는 까닭인 것 같았다.

육체는 초라하지만 영혼은 위스키처럼 고급스러울 수 있기 때문이다.

초라한 현실을 안주삼아 얼마든지 우아한 향연을 즐길 수 있기 때문이다.

셸리히만의 개

나는 기름끼 뜬 라면국물을 먹을 때마다 하나님께 물었다.

"주님, 정말 나를 이곳으로 보내셨습니까?"

보스턴 생활은 영국을 떠나기 전 각오했던 것보다 훨씬 더 처량하고 비참했다.

우선 아는 사람이 없었다.

웹사이트를 찾아 보스턴에 있는 미국교회와 한인교회에 전화를 걸었다.

"일라이자 킴 목사입니다. 저는 보스턴의 부흥을 위해 왔습니다."

"아 엠 쏘리."

나는 보스턴의 부흥을 위해 이야기를 나누고 싶었지만 대부분의 교회는 나의 이야기를 더 들으려 하지 않고 전화를 끊었다.

"철컥."

채 내려놓지 못한 수화기 저편에서 사납게 전화를 끊는 소리가 들릴 때마다 내 가슴은 그보다 더 크게 쿵 소리를 내며 내려앉았다.

로버트라는 24세의 미 해병 특공대 병사가 있었다. 그는 냉정하고 절도 있는 군인이었으며 건장하고 다부진 체격을 지니고 있었다.

하지만 월맹군의 포로가 된 후 열악한 음식 때문에 체중이 40kg이나 줄었다. 그는 월맹군의 명령과 지시를 꼬박꼬박 따르는 '말 잘 든는' 포로였다.

그렇게 하다 보면 빨리 풀어줄지도 모른다는 기대를 가지고 있었기 때문이다. 기다린 보람이 있었는지 드디어 수용소 사령부로부터 태도가 양호한 포로는 6개월 내에 석방될 것이라는 발표가 있었다.

로버트는 1개월 후에 석방될 것이라는 통고를 받았다. 사상 재교육에 앞장선 점이 인정된 것이다. 그러나 한달이 지나도 석방되지 않았고 한껏 부풀어 있었던 로버트의 기대는 원망으로 바뀌었다.

그 후 로버트는 우울증에 걸려 침대에 웅크린 채 손가락만 빨아댔고, 끝내는 대소변조차 침대에서 보게 되었다. 원래 그의 건강은 다른 수용자에 비해 양호한 편이었으나, 며칠 후 그는 뚜렷한 신체적 이상도 없이 죽고 말았다.

이러한 현상을 단적으로 보여주는 것이 심리학자 셀리히만의 실험이다.

셀리히만은 24마리의 개를 세 집단으로 나누어 왕복 상자(Shuttle box)에 넣고 전기충격을 주었다.

제1집단의 개에게는 코로 조작기를 누르면 전기충격을 스스로 멈출 수 있는 훈련을 시켰다. 제2집단은 코로 조작기를 눌러도 전기충격을 피할 수 없고, 몸이 묶여 있어 어떠한 대처도 할 수 없는 훈련을 받았다.

제3집단은 상자 안에 있었으나 전기충격을 주지 않았다.

24시간 후 이들 세 집단 모두를 다른 상자에 옮겨 놓고 전기충격을 주었다. 그러나 앞서와는 달리, 상자 중앙에 있는 담을 넘으면 전기충격을 피할 수 있게 되어 있었다.

실험결과 전기충격 도피 훈련을 했던 제1집단과 전기충격 경험이 전혀 없었던 제3집단은 중앙의 담을 넘어 전기충격을 피했다.

그러나 통제 불가능 집단에서 훈련을 받은 제2집단은 전기충격이 주어지자 피하려 하지 않고 구석에 웅크리고 앉아 낑낑대며 전기충격을 받아들이고 있었다.

결국 제2집단의 개들은 통제 불가능한 상황에서 무력감을 학습하고 통제력을 상실함으로써 절망에 빠져버린 것이다.

개를 통한 실험에서 학습된 무기력을 발견한 이후 셀리히만은 학습된 무력감에 대한 실험을 붕어, 침팬지, 인간에게도 실시했는데 모두 같은 결과를 얻어냈다.

그리하여 셀리히만은 인간의 절망도 학습된다는 결론에 이르렀다.

학창시절, 내가 버스를 타는 곳에서는 빈 좌석이 많았다.

그러나 버스가 몇 정거장을 더 가면 빈 좌석은 가득 찼고, 그 다음부터 타는 사람들은 버스 손잡이를 잡고 서 있어야 했다.

"저기 가방 받아드릴까요?"

"괜찮아요."

특히 나의 작은 호의를 거절한 사람이 예쁜 여학생인 경우에 내가 받는 충격은 셀리히만의 개들이 받았던 전기충격만큼이나 강했다.

한 번, 두 번, 세 번.…

반복된 거절은 나를 학습된 무기력 상태에 빠뜨렸다.

그 이후 나는 버스에 올라 좌석에 앉으면 차라리 눈을 감아버렸다.

"저는 보스턴 대 부흥을 …."

"철컥!"

반복된 거절은 무기력 상태를 넘어 공포를 불러일으켰다.

다시 수화기를 들었다.

웹사이트를 찾아 다른 교회의 전화번호를 눌렀다.

심장은 매를 맞기 위해 서 있는 아이의 그것처럼 빠르고 아프게 방망이질을 해댔다.

전화를 받지 않았다.

차라리 다행이었다.

다시 다른 교회를 찾아 전화를 걸었다.

"저는 보스턴의 부흥을 위해 온 김종필 선교사입니다. 그 교회를 한 번 방문하고 싶습니다."

"아 엠 쏘리."

나는 셀리히만의 개처럼 구석에 웅크리고 앉아 낑낑대며 전기충격을 받고 있었다.

에스겔 골짜기

그러던 어느 날, 하버드 대학에서 편지 한 통이 날아왔다.

구석에 웅크리고 앉아 낑낑대며 전기충격을 받고 있던 나는 벌떡 일어났다. 수십 개의 방망이가 일시에 가슴을 세차게 두들겼다.

영국에서 박사 학위를 받았을 때조차도 그 한 통의 편지를 받았을 때만큼 기쁘지 않았다.

편지봉투를 뜯는 손이 가볍게 떨렸다.

하지만,

편지의 내용은 예상과 정반대였다.

"우리 대학은 귀하의 신청서를 받았습니다. 하지만 올해에는 귀하를 초청할 수 없음을 유감스럽게 생각합니다."

나중에 안 사실이지만 당시 하버드의 Divinity School은 해마다 12~13명의 교환교수를 초청했는데 그해에는 3명만 받게 된 것이었다. 이미 오래전에 신청했던 분들이 우선 순위가 되자 나는 뽑힐 수 없었던 것이다.

"다음 해에 다시 신청해 주시기 바랍니다."라는 문구는 허공을 치는 메아리처럼 들렸다.

나는 그 자리에 털썩 주저앉고 말았다.

하나님은 내가 굳게 움켜쥐고 있던 튼튼하고 멋진 밧줄을 사정없이 끊으셨다.

추락하는 나에게는 날개가 없었다.

피가 머리로 쏠렸다.

허공을 허우적거렸지만 아무것도 잡히지 않았다.

극심한 현기증이 일었다.

정신을 잃었다.

축축한 바닥.

깊고 음습한 어둠.

수백 마리의 검은 쥐들이 날카로운 이빨을 드러내며 달려들었다.

떨어져 나간 살점이 보였다.

그 사이로 어지럽게 터져버린 혈관들은 붉은 피를 연신 토해냈다.

쥐들은 골수까지 모두 먹어 치웠다.

남겨진 것은 뼈였다.

낮에는 뼈 위로 사나운 모래 바람이 지나갔다.

밤에는 영하의 추위가 뼈를 오그라뜨렸다.

뼈는 하얗게 말라갔다.

절망은 고통보다 위대했다.

모든 희망을 빼앗긴 마른 뼈는 어떠한 고통도 느끼지 않았다.

"와이 리바이벌?"

나는 세계 대 부흥을 일으키겠다며 보스턴에 왔다.

하지만, 부흥은 내 학문의 대상일 뿐이었다.

세계 대 부흥은 나에게 주어진 사역일 뿐이었다.

나는 다른 사람들에게, 다른 교회에, 다른 도시에, 다른 나라에 부흥을 주기 위해 동분서주했다.

하지만 하나님은 나의 마른 뼈들을 보여주며 물으셨다.

"이 마른 뼈가 능히 살겠느냐?"

내가 할 수 있는 말은 에스겔의 대답뿐이었다.

"주께서 아십니다."

하나님은 내가 먼저 부흥되기를 원하고 계셨다.

나는 마른 뼈였다.

마른 뼈가 된다는 것은,

교만의 겉옷과 안락함의 속옷을 벗어던져야 하는 것이었다.

위선의 살갗을 벗기는 끔찍한 부끄러움을 경험해야 하는 것이었다.

두꺼운 욕망의 지방층을 걷어내야 하는 것이었다.

자고 먹고 마시고 싶은 본능의 살점마저 남김없이 도려내야 하는 것이었다.

생에 대한 끝없는 집착으로 이어지는 수많은 혈관을 사정없이 잘라

내야 하는 것이었다.

뼛속 깊이 스며있는 죄와 증오의 수분마저 흔적 없이 증발시켜야 하는 것이었다.

이기적인 생각의 골수를 쏟아내야 하는 것이었다.

오랫동안 사막의 모래 바람을 맞으며 지독한 외로움을 견뎌야 하는 것이었다.

나의 마른 뼈는 아무런 소망도 없이 에스겔 골짜기에 버려져 있었다.

그런데 언제부터인가 생명의 바람이 마른 뼈 위로 불기 시작했다.

나의 마른 뼈를 하나님이 살리기 시작하셨다.

먼저 뼛속 깊이 십자가의 사랑을 새기셨다.

주님의 생각으로 골수를 채우셨다.

예수님의 보혈을 크고 작은 혈관마다 강같이 흐르게 하셨다.

주리고 목마르며 머리 둘 곳 없는 고통 가운데서도 천국의 기쁨을 누리는 믿음의 살점을 붙이셨다.

거짓과 위선이 침투할 수 없는 진리의 살갗을 입히셨다.

아담을 만드셨던 그 전능의 손으로 나의 몸 하나 하나를 정성스럽게 다시 빚으셨다.

코에 생기를 불어넣으셨다.

심장은 쿵쿵거리며 온몸 구석구석으로 주님의 보혈을 강하게 펌프질했다.

나는 벌떡 일어났다.

하지만 다시 엎드려 주님의 사랑 앞에 경배할 수밖에 없었다.

순간, 머리 위로 성령의 큰 능력이 폭포수처럼 쏟아졌다.

몸은 강한 진동을 일으키며 떨고 있었다.

꿈인지 환상인지 구분할 수 없었다.

나의 영은 내 육체를 내려다보고 있었다.

내가 몸 밖에 있는 지 몸 안에 있는 지 알 수 없었다.

이때 갑자기 하늘에서 나팔 소리 같은 큰 음성이 들렸다.

"사랑하는 아들아! 내가 종말의 날에 일어날 일들을 네게 보여주기 원한다."

음성이 들리는 곳을 보려고 얼굴을 드니 하늘이 열리면서 광활한 우주가 보였다.

우주는 용과 짐승들로 가득차더니 이내 흑암의 세력으로 싸여갔다.

나는 공포와 절망 속에서 신음했다.

아! 예수님.

고개를 돌려 흑암의 세력 반대편을 보니 우리 주님이 거기에 서 계셨다.

예수님의 오른편에는 쉐루빔이라는 이름의 천사가 두루마리 황금 책을 들고 서 있었다.

책의 가운데는 사각형의 씰로 인봉되어 있었다.

예수님이 씰을 떼어내자 씰은 먼지로 바뀌어 사라졌다.

책은 에이션트 히브리어로 쓰여 있었다.

나는 클래식 히브리어만 배웠기 때문에 그 글을 읽을 수도 뜻을 해석할 수도 없었다.

다만 영국 유학 중에 2학기 동안 유대인 학자에게 히브리어를 배웠기 때문에 그렇게 생긴 글자가 에이션 히브리어라는 정도만 알 뿐이었다.

이때 주님의 음성이 들렸다.

"읽어보라!"

"바라쉬트 샤마임…"

나는 성령에 크게 감동되어 내가 모르는 글자를 읽고 있었다.

"이 뜻이 무엇인가 설명해 보라!"

"천지의 시작은 이러하다는 뜻입니다."

"맞노라."

예수님은 인봉을 뗄 때마다 읽으라고 명령하셨고 나는 그때마다 읽고 해석했다.

나는 생각했다.

'사도 요한이 밧모 섬에서 본 환상이 이것이구나.'

또한 얼른 책상 위에 있는 노트를 꺼내 놀라운 예언의 말씀의 제목을 적었다.

일곱 황금 두루마리에 쓰인 글자는 대부분 종말의 대 재앙에 관한 예언이었다.

내가 글씨를 읽고 해석하고 나면 두루마리는 조각났다.

그 조각은 우주 온 사방에 흩어졌고 예언의 말씀대로 엄청난 종말의 재앙으로 임했다.

"아들아, 이것을 다 말하지 말고 인봉해 두라. 때가 되면 이것을 밝히 말하리라."

지금도 내 노트에는 그날 기록해 둔 비밀한 하늘의 말씀이 기록돼 있다.

언젠가 때가 되면 주께서 그 예언의 말씀을 세계만방을 향해 선포하라고 명령하실 것이다.

"하이 브라더!"

강력한 성령체험 이후에도 자고 먹고 마시고 입는 것에 대한 빈곤함은 해결되지 않았다.

여전히 춥고 배고픈 가난한 이민자 생활의 연속이었다.

컵 살 돈이 없어 이미 사용했던 종이컵을 계속 써야 했고, 라면 하나로 끼니를 때워야 했다.

1달러를 아끼기 위해 4마일이 넘는 거리를 걸어 다녀야 했다.

보스턴에 도착한 후 한동안 식료품 가게를 가지 못했다.

돈도 없었지만 차도 없었기 때문이다.

그러다보니 고작 살 수 있는 것이 빵하고 우유였다.

하지만 나는 우유를 좋아하지 않는다.

그러던 어느 날 신문에 난 교회광고를 보고 전화 연락을 통해 알게 된 분이 보스턴 성령교회 박헌영 목사님이었다.

박목사님도 경제적으로는 매우 어려운 분이었지만 차를 가지고 있었기에 가끔 부탁해 식료품 가게를 갈 수 있었다.

하지만 문제는 돈이었다.

먹음직한 사과와 배, 싱싱한 오이와 당근은 그림의 떡이었다.

과일과 야채를 먹지 못하고 지낸 시간이 1년 이상이었다.

유일하게 살 수 있는 것은 라면 1박스, 그것도 7달러가 넘었으니 덥석 살 수 있는 물건은 아니었다.

라면 1박스를 살 돈도 없는 날에는 기도 중에 박 목사님께서 라면 1박스를 몰래 두고 가기도 했다.

매일 매일 일용할 양식과 월세를 걱정하며 살아야 했다.

버밍엄 대학에서 받은 고상한 박사 학위를 알아주는 사람도 없었다.

13년간의 필리핀 선교에 대해 은혜로운 간증을 해달라는 교회도 없었다.

다만, 시간이 흐르면서 몇몇 지인들을 통해 연결된 교회와 웹페이지를 보고 전화를 걸어 알게 된 교회에서 설교를 할 수 있었고 그때마다 주어지는 작은 사례비를 통해 겨우 월세와 끼니를 해결했다.

하나님은 성령체험 후에도 내 인내의 그릇이 차도록 기다리셨다.

어느 날, 보스턴 목회자 기도회가 열린다는 소식을 듣게 되었다.

나는 알고 지내던 미국 목사님의 도움을 받아 그 기도회에 참석할 수 있었다.

기도회에서는 보스턴에서 사역하는 많은 목회자들을 만나 이야기를 나눌 수 있었지만 그 중에 특히 얼굴이 맑은 한 백인 목사님이 내 이야기에 관심을 기울였다.

"하나님께서 보스턴의 부흥을 위해 나를 이곳에 보내셨습니다."

"그렇다면 당신이 꼭 만나보아야 할 분이 있습니다. 그분은 보스턴의 부흥을 위해 40년 동안 기도하며 사역해 온 분입니다. 보스턴 글러브나 뉴욕 타임즈, 크리스천투데이 등에도 자주 소개되는 유명한 분입니다."

보스턴 리바이벌을 향해 뛰라는 하나님의 출발신호는 그렇게 첫 깃발을 올렸다.

목회자 기도회에서 만났던 그 백인 목사님이 그려준 약도를 들고 찾아간 곳은 임마누엘 가스펠 센터였다.

센터에 들어서자 대학원생들로 보이는 40명의 수강생들 앞에서 70세에 가까운 한 백인 교수님이 열강을 하고 있는 모습이 보였다.

그 교수님을 보는 순간, 하마터면 나는 뒤로 넘어질 뻔했다.

놀란 가슴을 진정시키며 찬찬히 그 얼굴을 다시 살폈다.

틀림없이 내가 20년 전에 보았던 바로 그분이었다.

그동안 필리핀과 영국, 일본, 미국 등을 다니며 행여나 만날 수 있을까 하고 찾아다녔던 바로 그분이었다.

20년 전, 내가 한국에 있을 때 경험했던 일이다.

전철을 타면 70세에 가까운 한 백인 남자가 나타났다.

그 남자는 비록 나이는 들었지만 맑고 빼어난 눈을 가진 분이었다.

남자는 부드러운 미소를 지으며 말했다.

"하이 브라더! 나는 오랫동안 부흥을 사모해왔습니다. 하지만 나는 지금 한계점에 서 있습니다. 형제의 손을 나에게 내밀어 줄 수 있겠습니까?"

그의 손을 잡으려고 손을 내밀었다.

하지만 손은 사라지고 그 또한 눈에 보이지 않았다.

환영이었다.

'허깨비가 보이는구나.'

기분이 좋지 않았다.

환영에 시달리지 않으려면 더 기도해야 되겠다는 생각이 들었다.

교회의 기도 방에 들어가 열심히 기도하는 중에 누군가 내 옆에 서 있다는 인기척이 느껴져 눈을 떴다.

낮에 전철에서 보았던 바로 그분이었다.

그는 또 내게 손을 내밀어 줄 수 있겠느냐고 말했다.

"당신은 누구십니까? 내가 어떻게 만날 수 있겠습니까?"라고 말하면서 손을 내밀려고 하면 환영은 또 사라졌다.

이후에도 그 백인 남성의 환영과 환청은 전철과 기도 방에서 동일하게 계속되었다.

그때서야 나는 하나님이 그분과 나의 만남을 예정하고 있음을 깨달을 수 있었고, 그분을 만나고 싶어 가는 곳마다 주위를 두리번거렸다.

강의를 마친 그가 내게로 다가오며 손을 내밀어 악수를 청했다.

"하이, 브라더!"

눈빛과 목소리, 발음과 악센트까지 똑같았다.

손을 내밀어 그의 손을 잡았다.

순간, 강한 전율을 느끼며 감전이라도 된 듯 한참 동안 그의 손을 놓지 못했다.

보스턴의 부흥을 위해 이곳에 보냄을 받은 일라이자 킴이라고 소개했지만 20년 전의 그 일을 당장 말할 수는 없었다.

20년 전에 한국에서 보았고 또 그날 그곳에서 만난 그 백인 남자는 더글라스 홀 박사(Dr. Douglas Hall)였다.

홀 박사는 소개 목사님의 말대로 보스턴 시 전체를 두고 40년 동안 보스턴의 부흥을 위해 사역했던 사람이었다.

나는 한참동안 그의 사무실에 앉아 오랜 친구처럼 긴 대화를 나누었다.

그는 입을 열 때마다 쉴 새 없이 '리바이벌'이란 단어를 쏟아냈다.

홀 박사가 연신 뱉어내는 '리바이벌'이란 단어는 반석을 치는 성령의 불방망이가 되어 내 가슴을 '탕탕' 쳤다.

늑대와 소년

다 아는 이야기겠지만, 양치기 소년에 대한 이야기를 해보자.

소년은 마을에서 떨어진 외딴 언덕에서 늘 혼자 양을 돌보아야 했다.

당연히 무지무지 심심했다.

"늑대다!"

마을 사람들이 모두 몰려왔다.

"늑대는 저쪽으로 사라졌어요."

소년은 숲 속을 가리켰다.

"다친 곳은 없니?"

"네. 제가 돌멩이를 던지자 늑대가 달아났어요."

소년은 영웅이 된 것 같은 기분에 우쭐했다.

하지만 그 우쭐했던 기분은 그리 오래 가지 않았다.

'이번엔 좀 더 멋진 영웅담을 만들어야겠다.'

"늑대다! 늑대다!"

마을 사람들은 언덕을 향해 열심히 달려왔지만 몇몇 사람들은 급한 일을 마무리해야 된다며 오지 않았다.

"제가 늑대와 결투를 벌였어요. 하마터면 물릴 뻔 했죠."

사람들은 돌아가며 고개를 갸우뚱했다.

며칠이 지났다.

"늑대다! 늑대가 나타났다!"

소년의 목소리는 비명과 절규에 가까웠다.

소년은 더 훌륭한 영웅담을 들려주기 위해 사냥개에게 자신의 팔뚝을 물게 하는 고통도 감수했다.

마을 사람들은 천천히 달려왔고 그 수는 전체 인원의 절반도 되지 않았다.

소년은 팔뚝에 난 상처와 피를 보여주며 사람들에게 늑대와의 혈투를 장황하게 늘어놨다.

사람들은 돌아가며 말했다.

"녀석은 거짓말을 하고 있어."

어느 날 정말로 늑대가 나타났다.

붉은 눈에서는 금방이라도 핏방울이 떨어질 것 같았다.

날카로운 송곳니를 드러내며 으르렁거리자 소년은 한 발짝도 뗄 수가 없었다.

용기를 내 조금 뒤로 물러서다가 마을을 향해 달렸다.

"늑대다! 늑대가 나타났다! 늑대다!"

소년의 목소리는 더 이상 들리지 않았다.

"휴거다!"

"종말이다!"

"주님이 재림하신다!"

"하나님의 나라가 가까웠다!"

"하나님이 세상을 곧 심판하신다!"

수많은 시한부 종말론자들이 예수 그리스도의 재림을 외쳐왔다.

"보스턴의 부흥을 위해 하나님께서 나를 이곳에 보내셨습니다."

성도들, 심지어 많은 목회자들조차도 나를 아래위로 훑어본다.

"종말의 때에 하나님께서는 전무후무한 세계 대 부흥의 역사를 보여주시겠다고 말씀하셨습니다."

종말이라는 말에 사람들은 의혹의 눈초리를 보내며 방어막을 친다.

종말을 서슴없이 외치는 이단에게 호락호락 넘어가지 않겠다는 단호한 자세다.

"세계 대 부흥을 위해서는 먼저 강력한 성령의 불세례를 받아야 합니다."

사람들은 바쁘다며 자리를 피한다.

요즘 성도들에게, 때로는 목회자들에게조차도 종말과 심판과 재림은 성경 속에나 존재하는 2천 년 전 화석이다.

많은 목회자들이 말한다.

"지금은 재림을 말할 때가 아닙니다."

"종말을 준비하라는 말로 성도들을 혼란스럽게 만들어서는 안 됩니다."

"서두를 필요가 없습니다."

물론 우리는 20세기 말을 건너오면서 너무도 많은 종말의 이야기를 들어왔다.

이곳저곳에서 '늑대다'라고 외쳤지만 단 한 번도 늑대는 나타나지 않았다.

하지만 우리는 숲 속을 향해 귀를 쫑긋 세워야 한다.

늑대가 다가오는 발자국 소리를 들어야 한다.

늑대는 조심스럽게 우리를 향해 한걸음씩 다가오고 있다.

마른 나뭇잎을 밟고 지날 때 들리는 바스락 소리를 들어야 한다.

눈을 들어 숲을 보아야 한다.

늑대의 움직임을 보아야 한다.

흔들리는 나뭇잎과 깜짝 놀라 달아나는 작은 들짐승들의 이동을 보아야 한다.

갑자기 하늘을 향해 솟구치는 새들의 날개 짓을 보아야 한다.

코를 킁킁거려 바람에 실려 오는 늑대의 비릿한 체취를 맡아야 한다.

몸에 난 수천만 개의 모든 솜털들을 세워 늑대의 눈빛이 뿜어내는 포악한 살기를 감지해야 한다.

늑대와 소년 이야기에서 '거짓말을 하지 말자'라는 교훈만 얻을 것이 아니다.

'늑대는 반드시 나타난다.'는 사실을 명심해야 한다.

우리는 많은 거짓 선지자들에게 속아왔다.

따라서 요즘 신자들은 종말이나 심판, 심지어 주님의 재림에 대해서조차도 심한 거부 반응을 갖고 있다는 것은 부인할 수 없는 현실이다.

그럼에도 불구하고 우리가 꼭 기억해야 할 사실은 '늑대는 반드시 나타난다'는 것이다.

종말적 재앙과 부흥

늑대의 발자국 소리는 종말적 재앙의 징조다.

더콜 박사와 나는 세계 곳곳에서 들리고 있는 늑대의 발자국 소리에 대해 진지하고 깊은 대화를 나누었다.

국제기아대책기구의 발표에 따르면 지금도 지구촌에서는 5초에 3명, 1분에 34명, 하루에 5만 명이 굶주림으로 죽어가고 있다.

1억 4천 3백만 명의 5세 미만 아동들이 영양실조로 고통을 받고 있다.

한때 박멸됐다고 여겼던 전염병들이 되살아나고 있다.

최근 중남미에서는 사상최악의 뎅기열 사태가 발생했고, 아프리카 콩고에서는 에볼라 출혈열이 발생해 200명 가까이 숨졌다. 뎅기열은 뼈가 부러지는 듯한 아픔과 함께 내외부 출혈이 이어지는 잔혹한 병이며 에볼라 출혈열은 치사율이 최고 80%에 이르는 치명적인 전염병이다.

폐렴과 말라리아는 여전히 5세 미만 아동 사망률의 27%를 차지하고 있다.

2006년 말 통계에 의하면 430만 명 이상이 새롭게 에이즈에 감염되고 있으며 이 가운데 40%가 어린이들이다.

지난 몇 년간 인종청소와 기아 등으로 최소 20만 명이 사망하고 250만 명 이상이 난민이 되었다는 아프리카 수단 서부의 다르푸르와 같은 유혈분쟁 지역은 기하급수적으로 늘어만 가고 있다.

기후변화로 인한 가뭄과 물 부족 현상은 세계적인 재난으로 확산되고 있다.

최근 스웨덴 스톡홀름에서 개최된 국제수자원회의에서는 당초 2025년경부터 전 세계 인구의 3분의 1이 물 부족을 겪을 것이라는 예측을 뒤엎고 이미 2005년부터 전 세계 인구의 3분의 1 이상이 물 부족 현상으로 고통 받고 있다는 충격적인 연구결과를 발표했다.

또한 이날 회의에서 세계식량농업기구 국제농업연구자문그룹은 "지구 온도가 섭씨 3도 더 올라가면 40억 명이 물 부족에, 5억 명은 기근에 허덕이게 된다. 5도 상승하면 뉴욕과 도쿄가 물에 잠기기 시작한다. 홍수 피해와 수억 명의 영구 이재민 발생, 50% 이상의 생물 멸종 위기, 기근과 아사, 말라리아나 열병 같은 질병 문제가 잇따른다. 이를 방치하면 세계대전이나 대공황 당시보다 더 큰 경제적 피해를 보게 될 것이다."라고 엄중히 경고했다.

이를 증명이라도 하듯 2007년 6월 미국의 조지아 주는 식수 공급원인 래니어 호수가 바닥을 드러내는 최악의 가뭄을 만났으며, 소니 퍼

듀 주지사가 참석한 가운데 '어메이징 그레이스'를 부르며 기우제(?)를 지내기도 했다.

중국에서는 수년간 지속되는 가뭄으로 수천만 명의 인구가 식수난을 겪고 있으며 중국 최대 담수호 버양호의 일부 구간은 2007년 말 현재 이미 바닥을 드러냈다.

이와 관련 반기문 유엔사무총장은 물을 확보하고 지키려는 국가 간의 다툼이 전쟁을 야기하는 거대한 화약고가 될 것이라고 지적했다.

오염된 물 때문에 해마다 150만 명 이상의 어린이들이 죽어가고 있다.

2004년 12월 인도네시아에서는 역사상 최악의 지진이 발생해 25만 명이 사망했다.

더구나 우리는 약 3만 명이 사망한 2008년 5월 12일 중국 쓰촨성 대지진을 생생히 기억하고 있다.

마태복음 24장 3절 이하의 말씀을 보자.

예수께서 감람산 위에 앉으셨을 때에 제자들이 조용히 다가와서 물었다.

"세상 끝 날에 무슨 징조가 있겠습니까?"

예수님이 대답하셨다.

"많은 사람이 내 이름으로 와서 이르되 나는 그리스도라 하여 많은 사람을 미혹케 할 것이다. 민족이 민족을, 나라가 나라를 대적하여 일

어나겠고 처처에 기근과 지진이 있을 것이니 이 모든 것이 재난의 시
작이니라.”

2천 년 전 감람산 위에서 말씀하셨던 예수님의 경고를 우리는 매일
TV 화면이나 신문 지상을 통해 두 눈으로 똑똑히 보고 있다.

물론 예수님의 대답은 재난의 시작에 대한 경고에서 끝나지 않는다.

세상 가장 끝 날에 일어날 일에 대해서도 분명한 말씀을 주고 있다.

“이 천국 복음이 모든 민족에게 증언 되기 위하여 온 세상에 전파되
리니 그제야 끝이 오리라.”(마 24:14)

예수님은 지구 종말의 날에 처처에서 기근과 지진 같은 대 재앙의
사건이 일어날 뿐만 아니라 온 민족이 주님께 돌아오는 세계 대 부흥
의 역사도 일어날 것이라는 사실을 분명한 어조로 이야기하고 있다.

종말적 재앙이 시작된 후에 큰 부흥이 일어날 것이라고 강조하고
있다.

지구촌 전역의 부흥이 완성된 후에야 진정한 세상의 끝이 올 것이라
고 말씀하고 있다.

재림과 부흥

세상은 주님의 재림으로 대단원의 막을 내린다.

"그때에 인자의 징조가 하늘에서 보이겠고 그때에 땅의 모든 족속
들이 통곡하며 그들이 인자가 구름을 타고 능력과 큰 영광으로 오는
것을 보리라. 그가 큰 나팔소리와 함께 천사들을 보내리니 그들이
그의 그 택하신 자들을 하늘 이 끝에서 저 끝까지 사방에서 모으리
라."(마 24:30,31)

종말적 재앙과 부흥, 그리고 주님의 재림이라는 삼각편대는 지금까
지 말한 것과 같은 구조를 갖는다고 이해된다.

그런데 여기서 반드시 지적하고 싶은 것이 있다.

많은 사람들이 종말적 재앙과 주님의 재림을 연결시키는 것에만 아
주 익숙하다는 것이다.

종말적 재앙과 재림을 동의어 정도로 여기는 사람도 상당수에 이
른다.

따라서 재림을 생각하는 우리의 오감은 온통 끔찍한 종말적 재앙에
초점이 맞추어져 있다.

재림을 생각하면 주눅부터 든다.

유황불이 쏟아지고 황충이 우글대는 아마겟돈 전쟁터에 차려진 혼

인잔치에 초대받은 신부가 기쁠 리 만무하다.

재림도 그날의 혼인잔치도 전혀 반가울 리가 없다.

사람들은 마음속으로 외치고 또 외친다.

"주님 더디 오세요."

"절대 서두르지 마세요."

"재림을 원치 않습니다. 나의 행복을 방해하지 마세요."

간혹 어떤 목회자는 이렇게 말한다.

"요즘 교인들은 종말이니 심판이니 재림이니 하는 설교를 원치 않습니다."

"종말을 말하면서 어떻게 평안과 축복을 말하겠습니까?"

"종말과 재림에 대한 예언은 우리의 잘못된 신앙을 바로 세우려는 주님의 경고성 멘트 정도로 남겨두는 것이 좋겠습니다."

"절기에 맞는 설교 해야죠. 시사성 있는 설교도 해야죠. 가끔은 교인들 입맛에 맞는 설교도 해야죠. 52주가 짧습니다. 재림 설교를 배정할 주간이 없습니다."

나는 매시간, 매일, 365일 쉬지 않고 외치고 또 외친다.

"부흥, 부흥, 부흥하라! 주님이 곧 재림하실 것이다!"

사람들은 '재림이 부흥과 무슨 관계가 있단 말인가?'라는 의아한 표정을 지으며 나를 바라본다.

임박한 주님의 재림을 준비하기 위해 지구촌의 대 부흥을 일으켜야 한다고 말한 목회자들이 적었거나 없었기 때문일 것이다.

종말적 세계 대 부흥의 신앙은 우리 모두가 주님의 재림을 소망 가운데 '신나게' 맞이할 수 있도록 이끌어 줄 것이다.

재림에 대한 두려움과 공포를 떨쳐버릴 수 있도록 도와줄 것이다.

재림에 대한 수많은 선입견과 오해를 기대와 설렘으로 바꾸어 줄 것이다.

부흥은 우리의 마른 뼈가 다시 살아나는 회복의 은총이다.

부흥은 주님의 재림 날 저녁에 펼쳐지는 성도들의 황홀한 축제다.

부흥은 주님의 재림을 예비하는 환희의 팡파르다.

부흥의 영광스런 팡파르가 하늘 가득 울리는 그날, 우리는 온 민족이 일어나 두 손을 높이 들고 주님께 돌아오는 대 부흥의 광경 속에서 주님의 재림을 목격할 것이다.

주님과 함께 공중으로 높이 들림 받을 것이다.

세마포 입은 아름다운 신부의 모습으로 거룩한 혼인잔치에 들어갈 것이다.

"부흥."

나는 어디에서 작은 소리로 '부흥'이란 단어만 들려와도 심장이 빠르게 뛰고 온몸의 피가 뜨거워지는 것을 느낀다.

그런 나 앞에서 홀 박사는 40년 동안이나 부흥을 위해 기도하며 사역해 왔다고 말하고 있는 것이었다. 더구나 입만 열면 나보다 더 많은 '부흥'의 단어를 쏟아내고 있었다.

나는 심장이 터질 것 같아 가끔 가슴을 주먹으로 쳐야 했다.

부흥의 불꽃과 부흥의 불꽃이 만나 거대한 부흥의 불기둥을 이룬 기분이었다.

부흥의 화염에 싸여 있는 느낌이었다.

성령께서는 궁핍과 홀대로 주눅이 들어있던 나의 부흥 위로 폭포수 같은 성령의 불길을 쏟아 주셨다.

나는 홀 박사에게 소리치듯 말했다.

"보스턴으로 가라고 명령하실 때 주님은 제게 말씀하셨습니다. 이 시대는 마지막 시대요. 종말의 시대요. 이 시대에 이미 영혼 대 추수를 위한 사역이 시작되었다. 보스턴으로 가라. 내가 너를 돕는 자들을 보낼 것이다. 너는 그곳에서 내가 일으키는 지구 최대의, 역사 이래로 전무후무한 큰 부흥을 보게 될 것이라고 분명하게 말씀하셨습니다."

부흥이 부흥을 만나자 이야기는 끝없이 이어졌다.

조금 더 이야기를 나누고 싶었지만 갑자기 찾아온 불청객 때문에 홀 박사의 그날 하루 일정이 엉망이 될 수도 있겠다는 걱정 때문에 내일 다시 찾아오겠다는 말을 남기고 센터의 문을 나섰다.

마침 밖에는 함박눈이 내리고 있었다.

보스턴 리바이벌의 시작을 알리는 축복의 눈송이들이 탐스럽게 내리고 있었다.

몇 발자국을 걷다가 센터를 향해 뒤를 돌아보았다.

내가 걸어온 발자국들이 눈 위에 선명하게 새겨져 있었다.

하나님은 단 한걸음도 빼지 않고 정확하게 나의 걸음을 재고 계셨다.

부흥으로 향하는 내 인내의 걸음을 재고 계셨던 것이다.

보스턴에 도착한 후 보낸 1년의 시간이 결코 헛된 세월이 아니었음을 선명하게 보여주고 계셨다.

그날, 나는 '보스턴 리바이벌'을 향해 힘찬 첫 걸음을 떼었다.

제4부

세상의 중심에서
부흥을 외쳐라!

보스턴 파라독스

홀 박사를 만나기 전, 교회들로부터 수많은 문전박대를 받을 때마다 나는 하나님께 따지듯 기도했다.

"왜 이렇게 영적으로 죽어있는 보스턴에 나를 보내셨습니까? 매일 보는 것은 사람들의 굳은 표정입니다. 매일 듣는 것은 그들의 냉랭한 목소리입니다. 성령의 용광로가 되어 순수한 열정으로 펄펄 끓는 필리핀에서 세계 대 부흥을 준비하면 어떻겠습니까?"

하지만 다음날 다시 만난 홀 박사의 이야기는 나의 보스턴에 대한 영적 판단이 잘못되었음을 지적해주고 있었다.

보스턴의 백인 교회들은 내가 보고 들었던 대로 문을 닫고 또 문을 닫고 계속 문을 닫으며 죽어가고 있었다.

하지만 그 자리에 다시 부흥의 싹이 돋아나고 있었다.

홀 박사는 그것을 '콰이엇 리바이벌(Quiet Rivival)'이라 명명했다.

죽어간 백인교회의 자리에 라틴 교회들과 흑인교회들, 아시아 교회들이 조용한 부흥을 일으키고 있다는 것이다.

많은 사람들이 보스턴을 소개할 때 '젊음과 지성으로 가득 찬 미국의 아테네'라고 말한다.

보스턴은 도시 전체가 살아 숨 쉬는 미국의 거대한 역사 교과서라고 말해도 과장된 표현이 아니다.

1600년, 종교의 자유를 찾아 영국을 떠난 청교도들이 탔던 필그림호가 처음 닻을 내린 곳이 보스턴이다.

미국 독립전쟁의 신호탄이 된 1773년의 '차사건(Tea Party)'의 현장도 보스턴이다.

파크 스트리트에서 시작되는 자유의 철길을 따라 걸으면 미국 독립의 역사를 생생하게 볼 수 있다.

'톰 소여의 모험'으로 유명한 미국 작가 마크 트웨인이 필라델피아에서는 가문 자랑을 하지 말라고 충고했듯이 보스턴에서는 학벌 자랑을 해서는 안 되는 곳이다.

6명의 대통령과 11명의 대법관을 배출한 하버드대와 공학 분야에서는 최고임을 자부하는 매사추세츠 공대(MIT)가 보스턴의 심장을 관통하는 찰스강 북쪽에 자리 잡고 있다.

미국 최초의 여성 국무장관인 매들린 올브라이트와 힐러리 클린턴을 배출한 웨슬리대와 마틴 루터 킹 목사가 다녔던 보스턴대 등 세계 최고의 대학이 60여개나 있다. 그 대학에서 25만 명의 학생이 공부하고 있다.

한국에서 공부깨나 하는 사람들이 서울로 몰려든다면 보스턴은 전 세계에서 공부 좀 한다는 사람들이 앞을 다투며 몰려드는 곳이다.

따라서 보스턴에서 태어나고 자란 '보스토니안(Bostonian)'들뿐만 아니라 대다수 미국인들에게 보스턴은 역사와 교육에서 미국 최고의 도시로 여겨지고 있다.

그렇다고 해서 보스토니안들이 도시 생활에서 조차도 고상한 것만은 아니다. 미국 내에서도 이들의 변덕스럽고 조급한 성깔은 악평이 높다.

이는 보스턴 시내에서 울리는 경적의 평균 시각이 0.2초인 것에서 단적으로 드러난다. 서울이 평균 0.3초인 점을 고려하면 보스토니안들의 성마름을 어느 정도 추측해 볼 수 있을 것이다.

사람들은 보스토니안들의 조급하고 변덕스런 성격에 대한 원인으로 보스턴의 우울한 겨울 날씨를 꼽는다.

보스턴의 겨울은 10월 중순부터 시작해 4월초까지 이어지는데 한 번 눈이 내리기 시작하면 대부분의 학교가 임시 휴교령을 내릴 정도로 엄청나다.

보스턴 파라독스(Paradox)는 보스토니안들의 역사와 교육에 대한 긍지와 변덕스럽고 조급한 성깔이 보여주는 대조에서 끝나지 않는다.

보스턴 시내를 돌아다니다 보면 유럽의 한 역사 깊은 도시를 방문하고 있다는 착각에 빠져든다. 대부분의 건물과 집들이 영국의 런던이나 네덜란드의 암스테르담과 같은 유럽풍이다. 도로도 아스팔트보다 울퉁불퉁한 자갈길이 더 많다.

말에도 영국 영어의 액센트가 가장 많이 남아 있다.

영국의 신앙적 탄압을 벗어나기 위해 첫 닻을 내렸던 곳이자, 영국으로부터의 독립을 부르짖었던 혁명의 본고장이 미국 내에서 가장 영국과 닮은 도시라는 것은 또 하나의 큰 파라독스인 것이다.

보스턴은 그 도시와 그 도시 사람들이 갖고 있는 파라독스처럼 영적인 부분에 있어서도 교회의 패망과 부흥이 공존하고 있는 곳이었다.

임마누엘 가스펠센터

"일라이자 킴, 나는 하나님께서 보스턴의 부흥을 위해 당신을 보내셨다고 진심으로 믿고 싶습니다. 지난 40년 동안 보스턴의 영적 성장을 지탱했던 조용한 부흥은 한계점에 도달해 있습니다. 수년째 교회 성장은 평행선을 그리고 있습니다. 이제는 조용한 부흥이 아닌 진정한 '보스턴 리바이벌'이 일어나야 할 때라고 생각합니다. 전 지구촌을 주님께로 돌이킬 세계 대 부흥을 준비해야 할 때라고 생각합니다. 형제의 손을 내밀어 나를 도와주십시오."

그 말을 듣는 순간, 나는 20년 전 한국에서 보았던 그 환상을 그대로 보고 있다는 착각에 빠졌다.

'손을 내미는 정도가 아니라 온몸을 던져 당신을 도우러 왔다'고 외치고 싶었다.

"박사님, 제가 20년 전 한국에 있을 때 환상 중에 박사님을 뵈었습니다."

홀 박사는 경이롭고 재미있다는 표정으로 나의 오래전 환상에 관한 이야기를 듣고 놀라는 모습이었지만 쉽게 받아들이는 눈치는 아니었다.

하지만 자신이 평생을 쏟아온 보스턴 리바이벌에 하나님께서 적극적으로 개입하기 시작하셨다는 영적인 움직임을 감지하는 듯한 눈빛이었다.

"일라이자, 나와 함께 보스턴 리바이벌 위해 사역해보지 않겠습니까?"

뛸 듯이 기쁘다는 말은 그럴 때에 사용하는 말일 것이다.

보스턴 교계의 지도자격인 홀 박사가 어제 처음 본 유색인 이방 목사에게 도움을 요청하면서 함께 공동사역을 하자고 제안한 것은 기적이었다.

나는 그 기적을 보려고 대서양을 건너와 1년을 기다린 것이었다.

"감격적인 제안입니다. 그렇게 하겠습니다."

홀 박사는 나의 손을 꽉 잡았다.

"임마누엘 가스펠센터의 부흥운동 사역인 '바이탈리티 프로젝트(Vitality Project)'의 책임자(Director)로 일해 주십시오."

홀 박사는 바이탈리티 프로젝트란 임마누엘 가스펠센터의 주요사역 가운데 하나로 보스턴의 다인종 교회들을 통해 일어난 부흥운동을 연구하고, 나아가서 보스턴과 뉴잉글랜드 지역의 50개 도시를 연결하고 미국 전역과 세계에 있는 주요도시들을 엮어서 부흥운동을 주도하는 도시부흥운동 사역이라고 설명해 주었다.

나는 홀 박사의 눈을 쳐다보며 계속 고개만 끄덕였다.

할 말이 없었다.

홀 박사의 입은 나의 입이었다.

성령께서는 내가 하고 싶은 말을 홀 박사의 입에 넣어주고 홀 박사는 그 말을 하고 나는 내 마음의 말을 홀 박사의 입을 통해 듣는 신비한 체험이었다.

우선 홀 박사가 이사장으로 있는 임마누엘 가스펠센터에 들어가기로 했다.

임마누엘 가스펠센터(Emmanuel Gospel Center)는 20세기 초 윌리암 모간 부부(Mr. and Mrs. William Morgan)에 의해 태동되었다.

그들은, 1900년에 들어오면서 보스턴이 청교도에서 유니테리안으로 그리고 카톨릭 이민자들의 유입으로 비개신교화되는 것을 몹시 안타까워했다.

그래서 고안한 것이 트럭 위에 설교단과 음향 장치를 설치한 다음 그 위에 조그마한 교회를 싣고 다니며 복음을 증거하는 것이었다.

모건 부부가 만든 이 바퀴 위의 작은 교회는 수천 명의 사람들에게 복음을 전했다.

1938년 모간 부인이 사우쓰 엔드에 있는 빌딩을 임대하고 시드니 메쉬(Sidney Marsh)를 초대 원장으로 추대하면서 선교센터로서의 면모를 갖추게 되었고, 주요사역 또한 도시 교회들을 섬기고 연결하는 것으로 확대되었다.

1964년, 젊은 홀 박사 부부는 인도의 선교사로 가려던 중 주님의 부름을 받아 원장으로 취임하게 되었으며 지난 40년 간 센터를 통해 260개 교회를 개척하고 보스턴 지역뿐 아니라 미국 전역 그리고 세계적 도시선교의 모델로 자리매김하는 괄목할 만한 성과를 이뤘다.

임마누엘 가스펠센터는 도시교회와 공동체의 생명력을 이해하여 이를 풍성하게 하려는 데 그 목적이 있다.

그들은 한정된 자원 안에서 가능한 사역을 할 수 있도록 필요한 정보를 제공하기 위한 연구조사와 도시의 복잡성과 유기적 관계성을 고려한 프로그램들을 개발하여 수행하고 전파하는 중요한 사역을 감당하고 있었다.

특별히 나의 마음을 끄는 대목은 그들의 연구와 사역이 저소득층과 이민자 공동체 교회에 집중되어 있었다는 것이다.

구체적 사역은 고든콘웰신학교와 연계된 도시선교 목회학 박사과정 운영, 도시선교 관련 자료들의 연구와 간행물 발행, 매주 수천 명에 달하는 홈리스들에게 음식과 의료 그리고 복음을 전하는 구제와 전도, 도시 빈민 자녀들을 위한 교육과정 제공과 장학금 지급, 보스턴 지역의 청소년들을 위한 지도자 양성과 연합 수련회 그리고 청소년 전도,

인도와 아시아 그리고 아프리카 도시 빈민들을 돕는 경제자립 프로그램 진행, 미국의 캄보디아 난민들을 대상으로 한 교회 개척, 그리고 내가 책임을 맡게 될 바이탈리티 프로젝트 등 폭넓고 다양했다.

40명에 달하는 풀타임 스텝진이 각 사역을 유기적으로 담당하고 있었으며, 그 구성은 목회자로부터 평신도 지도자들에 이르기까지 다양했다.

특이한 것은-물론 보스턴이라는 도시를 생각하면 특별할 것도 없겠지만 적어도 내 눈에는-하버드대와 MIT, 예일대, 뉴욕대, 그리고 프린스턴대 등 세계 유명대학의 졸업자들이 대거 포진되어 있다는 사실이었다.

임마누엘 가스펠센터를 알면 알수록 하루라도 빨리 입회하여 홀 박사와 함께 사역하고 싶은 마음이 간절해졌다.

하지만 이사회의 승인이 필요했다.

문제는 돈이었다.

임마누엘 가스펠센터는 사역자들이 개인적으로 후원을 받아 센터에 납입을 하면 그 가운데서 사무비 명목으로 일정액을 공제한 후 다시 돌려받아 사역하는 단체였다.

하지만 나는 단 1달러의 후원도 못 받고 있는 상태였으니 아무리 이사장이 적극 추천하고, 버밍엄 대학의 박사학위를 가진 사람이라고 해도 입회가 허락되지 않았다.

사역을 하면서 늘 딜레마라고 생각하는 일 중의 하나가 사역과 돈의 관계다.

돈과 사역은 선순환 고리를 갖는 듯하다가도 어느 순간 악순환 고리로 돌변한다.

현대 사역에 돈이 필요하다는 것을 부인할 사람은 없을 것이다.

이에 대해 성경은 어떤 해답을 주고 있는가?

성경은 돈과 사역에 관해 '누구를 섬길 것인가?'라는 다소 엉뚱한 질문을 던짐으로서 이에 대한 해답을 제시하는 듯하다.

즉, 돈이 사역을 위한 '필요'를 채우는 데 사용될 때 양자는 선순환 고리를 갖지만 이것이 '누구를 섬길 것인가?'라는 문제로 전환되는 순간 악순환 고리로 돌변한다는 것이다.

나를 비롯한 수많은 선교사들이 선교 현장에서 '돈'을 통해 하나님을 만나고 은혜를 발견한다는 사실은 돈과 사역에 관한 내 나름의 해석에 설득력을 더한다.

많은 선교사님들의 간증 또한 돈과 관련되어 있다.

대부분의 신앙고백은 하나님이 필요를 채워주실 때 흘린 뜨거운 눈물에 관한 것이다.

하나님을 만나는 도구로 사용되는 돈은 절대적 필요에 대한 응답이다.

하나님의 은혜를 발견하게 하는 돈은 일용할 양식에 대한 채우심이다.

하지만 돈은 언제든지 섬김의 대상으로 돌변할 수 있는 위험성을 갖고 있다.

우리는 동전을 갖고 노는 자녀에게 고함을 지른다.

"절대 삼키면 안 돼!"

돈은 삼키는 것이 아니다.

돈은 먹는 것이 아니다.

은화 30냥을 삼킨 가룟 유다는 죽었다.

요즘 신문 기사의 대부분은 돈을 먹다 배탈이 난 사람에 관한 이야기다.

현대인들은 자녀들에게 돈은 삼키는 것이 아니라고 고래고래 고함을 지르면서도 정작 자신은 돈을 삼키지 못해 안달이다.

눈 먼 돈을 먹으려고 굶주린 이리 떼처럼 새빨간 눈알을 이리저리 굴린다.

돈이 사역의 절대적 필요와 일용할 양식을 채우는 일에 사용될 때만 돈과 사역은 선순환 고리를 갖는다.

나는 나 자신과 다른 목회자, 그리고 성도들에게 외치고 싶다.

"돈은 절대 삼키는 것이 아닙니다!"

롤러코스터

패배를 예감케 하는 불리한 현상 앞에서 인간은 한없이 나약해진다.

나약해진 마음은 밤마다 걱정과 근심을 씨줄과 날줄 삼아 불안의 휘장을 직조한다.

불안의 휘장이 쳐지는 순간, 믿음은 사라진다.

기도만이 불안의 휘장을 걷을 수 있다.

나는 불안의 밤이 찾아들 때마다 주님께 엎드렸다.

"주님, 임마누엘 가스펠센터에 허입될 수 있도록 도와주세요."

그때마다 성령께서는 말씀하셨다.

"사랑하는 아들아, 안심하라. 때가 가까웠느니라."

하지만 순간순간 쳐지는 불안의 휘장을 걷어내는 일은 결코 녹녹치 않았다.

나는 또 지쳐갔다.

2005년 2월, 내가 보스턴에 온지 만 1년이 되는 날이었다.

임마누엘 가스펠센터 측에서 한시적으로 입회를 허용하겠다는 통보를 해왔다.

비록 조건부 입회였지만 홀 박사와 함께 본격적인 바이탈리티 프로젝트에 착수할 수 있게 되었다는 기쁨 때문에 잠을 이룰 수 없었다.

다음날, 홀 박사는 마치 오래전부터 나와의 동역을 계획이라도 한 듯이 빠르게 일을 진행시켰다.

그는 가장 먼저 뉴잉글랜드 지역의 가장 중요한 교계지도자들을 만나게 해 주었다.

홀 박사는 약속을 잡고, 약속 장소로 이동하는 일까지 직접 챙겨주었다.

우리는 매사추세츠를 시작으로 메인과 뉴햄프셔, 버몬트, 코네티컷, 로드아일랜드 등 뉴잉글랜드에 속한 6개 주를 밤낮없이 종횡무진했다.

뉴잉글랜드는 그 명칭대로 영국계의 이주민이 많이 살아온 곳이다.

버지니아가 남부 식민지의 중심이 된 것과 같이 뉴잉글랜드는 북부 식민의 중심이 되었던 곳이다.

1620년 메이플라워 호를 타고 온 청교도가 현재의 보스턴 남쪽에 상륙하여 그곳에 플리머스 식민지를 형성한 것이 뉴잉글랜드의 기원이라고 한다.

이 지역은 미국 북동부에 위치하며, 오늘날에도 많은 미국인들에게 마음의 고향으로 간직되고 있는 곳이기도 하다.

홀 박사는 오래전부터 미국 교회의 부흥을 위해서는 보스턴을 중심으로 뉴잉글랜드 전역이 연합하여 대 부흥운동을 일으켜야 한다고 주창한 사람이었다.

나는 홀 박사가 지난 40년 동안 만나온 대부분의 지도자들을 단 4개월 만에 모두 만났다. 그들은 모두 뉴잉글랜드 지역뿐 아니라 미국, 그리고 세계 교회에 큰 영향력을 행사하고 있는 사람들이었다.

따라서 내가 그 중 한 명의 지도자를 소개 받았다는 것은 그를 중심한 3천 개의 교회와 3천 명의 목회자들을 소개받았다는 것을 의미한다.

이분을 만나면 백인 교회가 모두 연결되고, 또 저분을 만나면 흑인 교회가 줄줄이 따라오고, 다른 분을 만나면 라틴 교회와 아시아 교회가 모두 이어졌다.

불과 몇 달 전까지만 하더라도 나는 보스턴 시내에 있는 작은 교회 하나를 방문하기 위해 웹사이트에 올라있는 수많은 교회들에게 거절할지도 모른다는 두려움 속에서 전화를 걸어야 했었다.

상상도 하지 못했던 일들이 내 눈앞에서 생생하게 펼쳐지고 있었다.

더 즐거운 일은 모든 지도자들이 홀 박사를 전폭적으로 신뢰했고, 그 덕분에 나의 모든 말도 홀 박사의 말처럼 신뢰한다는 것이다.

방문지에서 나눈 대화의 분위기로 보아서는 내가 팥으로 메주를 쑨다고 해도 그들은 믿을 정도였다.

그 4개월은, 내 몸과 영혼 모두가 롤러코스터의 빠르고 황홀한 현기증에 휩싸여 지낸 들뜬 시간이었다.

100달러

어느 주일, 기도 중에 성령께서 말씀하셨다.

'기쁜 일이 있을 것이다.'

기대에 부푼 마음으로 월요일을 보냈다.

아무 일도 일어나지 않았다.

화요일과 수요일에도 바람 한 점 일지 않았다.

목요일, 또 다른 하나님의 음성도 사람들의 입을 통한 기쁜 소식도 없는데 형언할 수 없는 평안함이 나를 감쌌다.

어린 시절, 어머니는 큰 대야에 따뜻한 물을 채워 나를 목욕시키곤 하셨다.

나의 작은 몸은 얼굴만 밖으로 내민 채 온몸을 물속에 담글 수 있었다.

눈을 감고 따뜻한 수온을 감지하고 있노라면 어느새 어머니는 내 몸 구석구석을 문지르고 계셨다.

어머니의 부드러운 손이 닿을 때마다 느끼는 간-지-르-르한 행복.

깨끗해진 몸의 물기를 닦아내는 보송보송한 수건의 느낌과 말끔하게 세탁한 내복 안으로 몸을 밀어 넣을 때 살갗을 스치는 부드러운 감촉.

그 목요일, 나는 어머니의 품에 거하던 어린 시절의 평안을 누리고 있었다.

금요일엔 더 큰 기쁨이 몰려왔다.

원인을 알 수 없었다.

괜히 가슴이 설레고 뛰었다.

하지만 해가 다 저물도록 아무 일도 일어나지 않았다.

"헬로우."

저녁이 다 되어서 한 통의 전화가 걸려왔다.

"김종필 목사님 댁인가요?"

중년의 한국 여성이었다.

"네, 제가 김종필 목사입니다."

"목사님께서 북가주 집회에서 설교하셨던 테이프를 들었어요. 성령께서 목사님의 필요를 채워주라고 하시네요."

대화중에 알게 된 것이지만 전화를 건 분은 하루 4시간 이상씩 기도하는 여자 집사님이었다.

통화를 하면서도 머리는 빠르게 움직였다.

'아, 드디어 하나님께서 나의 필요를 채워주시는구나. 감사합니다. 할렐루야!'

내가 가장 먼저 생각한 것은 식료품 가게였다.

본능이 이성보다 빨랐다.

1년 넘게 탐스런 과일과 싱싱한 야채를 먹어보지 못했으니 본능을 탓할 일만도 아니었다.

전화를 건 집사님이 딱, 100 달러만 후원해 준다고 하면 더 이상 바랄 것이 없었다.

그 돈이면 그동안 먹고 싶었던 과일과 야채를 살 수 있었다.

100 달러를 말하고 싶었다.

그러나 성령께서는 말하지 말라는 감동을 주셨다.

'하나님, 너무 야속합니다. 꼭 그렇게 까지 하셔야 합니까?'

마음속으로는 투덜거렸지만 성령님의 음성을 전할 수밖에 없었다.

"성령께서 나의 필요를 말하지 말라고 하십니다."

"목사님, 그렇다면 기도제목이라도 주세요. 제가 기도하겠습니다."

100 달러가 물 건너가는 순간이었다.

사과와 배, 포도, 토마토, 김치, 샐러리, 양파, 당근, 감자 …

나는 단 하나도 건지지 못했다.

"저는 보스턴의 부흥을 위해 사역하고 있습니다. 보스턴과 미국의 부흥을 위해 함께 기도해 주십시오."

나의 목소리는 풀이 죽어 있었다.

"목사님, 개인적인 기도제목은 없으세요?"

"보스턴의 부흥을 위해 임마누엘 가스펠센터에 들어가려고 하는데 후원자가 없어 기도 중에 있습니다."

개인적인 기도제목을 말하기 위해 입을 열자 나의 전체 사역에 대한 걱정과 소망, 염려와 비전에 대한 구구절절한 이야기가 자연스럽게 흘러나왔다.

겨우 설교 테이프 하나를 듣고 전화를 건 집사님에게 후원을 바라서 한 이야기는 아니었다. 더구나 성령께서는 나의 필요를 말하지 말라고 하셨기 때문에 물질적인 후원에 대한 기대는 이미 꺾은 상태였다.

하나님께서 기도의 동역자를 붙여주셨다는 생각이 강했다.

나는 편안한 마음으로 수많은 기도제목들을 낱낱이 열거했다.

나의 긴 기도제목을 모두 듣고 난 그 집사님이 말했다.

"목사님, 월요일에 택배를 통해 편지 한 통을 받게 될 거예요. 편지를 받으시면 거기에 적힌 내용에 따라 해주세요."

여 집사님은 자신의 이름과 전화번호도 남기지 않고 전화를 끊었다.

결국, 난 그 집사님으로부터 단 1달러의 후원 약속도 받지 못하고 수화기를 내려놓아야 했다.

5만5천 달러

월요일 아침, 작은 소포 꾸러미가 집으로 배달되었다.

소포 안에는 편지 한 통과 작은 봉투 하나가 있었다.

봉투 왼쪽 상단에는 네바다 주 소인이 찍혀 있었다.

편지를 뜯었다.

"목사님, 저희 부부는 기도 중에 성령께서 김 목사님에 대해 말씀하신 명령을 순종하기 원합니다. 목사님, 먼저 자동차를 사세요. 꼭 그렇게 하셔야 해요. 그리고 남는 돈은 우선 필요한 것들을 구입하세요. 이를 위해 5만5천 달러를 넣었습니다. 임마누엘 가스펠센터 사역을 위해서는 매달 5천 달러씩 후원하겠습니다.”

작은 봉투 안에는 그들 부부의 편지 내용대로 5만5천 달러가 표시된 수표가 들어있었다.

하나님은 내가 소망한 것의 550배를 주셨다.

그것도 그날 당장 받은 것만이었고, 앞으로 매달 받게 될 후원금까지 계산하면 천 배가 넘었다.

하나님의 축복은 최하가 30배다.

나는 5만5천 달러가 적힌 수표를 품에 안고 임마누엘 가스펠센터로 달려갔다.

홀 박사는 나보다 더 기뻐하며 눈시울까지 붉혔다.

나의 후원 소식을 들은 센터 사람들은 열광적으로 박수를 치며 흥분된 목소리로 하나같이 입을 모아 말했다.

“일라이자 킴! 우리 센터 80년 역사 동안 단 한사람이 이렇게 큰 후원금을 받아 온 것은 당신이 처음이오!”

나는 5만5천 달러를 센터에 입금했다.

10퍼센트의 행정수수료를 뗀다고 하더라도 내가 받을 돈은 5만 달러였다.

단 1달러가 없어 궁색한 삶을 살았던 지난날을 생각하면 그 돈은 엄청나게 큰 액수였다.

그런데 센터의 고문 변호사는 5만5천 달러 전액을 다시 나에게 주어야 한다고 말했다.

그 후원금은 개인을 위한 것이라는 이유 때문이었다.

나는 5만5천 달러를 고스란히 다시 받아 집으로 돌아왔다.

갑자기 큰 후원금을 받고 보니 잠이 오지 않았다.

'하나님, 정말 그 후원자 부부의 말대로 자동차를 사고 좀 더 넓고 편안한 월세 집을 얻고 과일과 야채를 사고 또 나의 개인적 필요를 채우는 것이 옳은 일입니까?'

기도 중에 보인 것은 필리핀의 아내였다.

2005년에 접어들면서 필리핀 한알의밀알교회 성전 공사는 공정률 80% 진척을 보이고 있었으나 공사를 완전히 마무리하기 위해서는 여전히 많은 돈이 필요했다.

돈이 좀 생겼다고 해서 자동차를 사는 호사를 부릴 때가 아니었다.

1년 동안 먹지 못했던 과일과 야채를 배불리 먹을 때가 아니었다.

월세 걱정을 하지 않아도 될 넓고 편안한 집으로 옮길 때가 아니었다.

하나님의 몸 된 교회를 건축하기 위해 나의 모든 것을 드려야 할 때였다.

나는 5만5천 달러 전액을 필리핀에 송금하기로 했다.

100만 달러

필리핀으로 송금을 하기 위해서는 후원금을 보낸 집사님 부부의 동의가 필요했다. 더구나 동봉했던 편지에는 자신들이 말한 용도로 반드시 써달라고 기록되어 있었기에 나 혼자만의 생각대로 다른 곳에 사용할 수 없었다.

그러나 나는 그들의 전화번호를 알지 못했다.

겨우 아는 것은 택배 상단에 적혀 있었던 주소뿐이었다.

편지를 할까 말까 망설였다.

하지만, 나의 갑작스런 돈의 사용처 변경에 당황해 할 수도 있겠다는 걱정이 앞섰다.

혹시 이 일로 매달 5천 달러씩 후원하기로 했던 일이 거품처럼 사라질 수도 있겠다는 불안한 생각이 스쳐 지나갔다.

그런데 기도 중에 한 통의 전화가 걸려왔다.

네바다 주의 그 여 집사님이었다.

순간, 하나님께서 후원금을 필리핀으로 보내길 원하고 있다는 강한 확신이 들었다.

나는 필리핀 교회의 현재 사정을 세세하게 이야기한 후, 담대하게 후원금 전액을 필리핀에 보냈으면 좋겠다고 말했다.

"성령께서 왜 당장 목사님께 전화를 하라고 하셨는지 알겠습니다."

의외의 대답에 당황한 건 오히려 나였다.

"사모님 계좌번호 좀 알려주세요. 필리핀에 필요한 돈은 제가 송금하겠습니다. 목사님께 드린 돈은 보스턴 부흥을 위해 생활에 필요한 것을 구입하는 데 사용하세요."

"아내와 저는 동일한 계좌를 사용하고 있습니다."

"성령께서 급히 필리핀에 50만 달러를 보내라고 하시면서 목사님께 전화를 걸으라는 감동을 주셨어요."

나는 하마터면 들고 있던 수화기를 떨어뜨릴 뻔했다.

50만 달러면 한화로 약 5억 원 정도의 돈이다. 한국과 미국에서도 큰돈이지만 필리핀에서는 훨씬 큰돈이다.

그날 우리 부부의 계좌에는 실제 50만 달러가 입금돼 있었다.

1주일 후, 다시 그 여 집사님으로부터 전화가 걸려왔다.

"성령께서 필리핀에 50만 달러를 더 보내라고 하십니다."

우리 부부의 계좌에 기록된 액수는 100만 달러였다.

"백만 달러!"

하나님은 내가 처음 그 여 집사님에게 원했던 후원금 100달러보다 만 배가 넘는 105만 5천 달러를 벼락치듯 쏟아 부어 주셨다.

아브람은 하나님으로부터 '내가 너로 큰 민족을 이루고 네게 복을 주어 네 이름을 창대케 하리니 너는 복의 근원이 될지라'(창 12:2)라는 놀라운 부흥의 약속을 받고 본토와 친척과 아비의 집을 떠났다.

하지만 사래는 단 한 명의 후사도 낳지 못했다.

아브람은 불만이 가득 찬 목소리로 하나님께 말했다.

"하나님, 내게 무엇을 주시렵니까? 주께서 내게 씨를 주지 아니하셨으니 내 집에서 기른 자가 나의 후사가 될 것입니다."(창 15:2,3 참조)

하나님은 아브람을 장막 밖으로 이끄셨다.

"저 하늘의 별을 셀 수 있겠느냐? 네 자손이 저 별과 같으리라. 네 몸에서 날 자가 네 후사가 되리라."(창 15:5 참조)

아브람은 하나님의 말씀을 믿었고, 하나님은 그 믿음을 의로 여기셨다.

이후 아브람은 아브라함이 되었다.

갈 바를 알지 못하고 고향을 떠난 초라한 목동 아브람이 열국의 아비 아브라함이 된 것이다.

마태복음은 1장1절은 아브라함의 부흥을 이렇게 기록하고 있다.

"아브라함과 다윗의 자손 예수 그리스도의 세계라."

말씀은 계속 이어진다.

"아브라함은 이삭을 낳고, 낳고, 낳고 … 야곱은 마리아의 남편 요셉을 나았으니 마리아에게서 그리스도라 칭하는 예수가 나시니라."

하나님은 갈대아 우르에서 한 약속대로 아브람을 큰 민족의 아비로 믿음의 조상으로 복의 근원으로 부흥시키셨다.

나는 믿음의 눈으로 아브람의 부흥을 보았다.

나에게 부흥을 약속하신 분이 아브람에게 부흥의 약속을 주셨던 바로 그분임을 보았다.

나에게도 아브람에게 일어났던 놀라운 부흥이 임하고 있음을 보았다.

나의 부흥이 아주 가까이에 있음을 보았다.

둥둥 울리는 위대한 부흥의 북소리를 들었다.

보스턴에도 부흥이 일어나고 있었다.

성령의 쓰나미

매월 5천 달러의 후원금을 받기로 했다는 소식을 전해들은 임마누엘 가스펠센터 이사회는 정식 입회를 허락했다.

나는 공식적으로 바이탈리티 프로젝트의 책임자로 선임되었다.

보스턴의 부흥을 위한 본격적인 사역이 시작되었다.

모든 열방이 두 손을 높이 들고 주께로 돌아오며, 온 민족이 그리스도 예수를 주로 고백하는 주님의 재림 직전에 올 대 부흥을 준비하라고 명령하신 하나님의 긴박한 호흡이 강하게 느껴졌다.

가장 먼저 봇물처럼 터진 사역은 미국 전역에 흩어져 있는 한인교회와 목회자협회, 교회협의회를 순방하며 마지막 부흥에 대한 메시지를 선포하는 일이었다.

처음에는 보스턴이 속한 매사추세츠와 메인, 뉴햄프셔, 버몬트, 코네티컷, 로드아일랜드 등 뉴잉글랜드 지역을 중심으로 집회를 시작했지만 나중에는 서부와 북부, 남부 등 미국 전 지역을 다니게 되었다.

가는 곳마다 놀라운 성령의 능력이 임했고, 회개와 결단 그리고 치유의 역사가 임했다.

나의 메시지는 단 하나 주님의 재림 직전에 임하게 될 '마지막 대 부흥'이었다.

"예수님의 소원은 부흥입니다.

예수님은 당신의 재림 직전에 엄청난 부흥이 일어날 것이라고 말씀하고 계십니다.

예수님께서 진정 원하시는 것은 이 마지막 추수 때에 주의 헌신된 백성들을 통하여 하나님의 나라가 온 세계에 펼쳐지는 것입니다.

한 개인, 한 교회의 부흥에만 하나님의 뜻을 국한시키지 마십시오.

이슬람권과 힌두권, 불교권에 있는 모든 민족들에게 불어 닥칠 그 부흥을 준비하고 기도하여야 합니다.

지금 전 세계에는 가장 강력한 부흥의 바람이 일어나고 있습니다.

부흥의 대로를 준비해야 합니다.

제2, 제3의 세례요한들이 뛰쳐나와 굽은 길을 곧게 펴야 합니다.

지금 우리가 살고 있는 시대는 재림의 가장 마지막 때입니다.

이미 재림을 위한 약속은 99.9%이상 성취되었습니다.

음란하고 방탕하고 더러운 모습을 버리십시오.

우리의 거룩함을 회복해야 합니다.

거룩함을 회복하지 않은 사람이 재림을 외친다면 그것은 마지막 대 환난을 자초하는 어리석은 일이 될 것입니다.

깨끗한 신부의 영성을 다시 회복하여야 합니다.

하지만 우리의 힘으로는 불가능하다는 것입니다.

성령님의 도우심이 필요합니다.

우리는 아무런 능력도 없고 자랑할 것도 없고 갈 길도 모르고 아무 것도 할 수 없다고 고백하십시오.

성령의 임재를 사모하는 마음으로 간절히 기도하십시오.

성령의 능력이 폭포수처럼 쏟아지는 놀라운 체험을 할 때까지 기도 하십시오.

성령 충만한 사람만이 재림을 준비할 수 있습니다.

세계 대 부흥을 선포할 수 있습니다.

우리 모두는 주님의 재림 직전에 일어날 세계 대 부흥을 준비하여야 합니다."

두 개의 메일을 소개하고 싶다.

『꿈에서도 사역하시는 김종필 목사님.

주 안에서 평안하신지요?

저는 LA에 사는 조안입니다.

언젠가 김종필 목사님이 저희 월셔 O교회에 오셔서 부흥을 사모하는 마음을 일깨워 주셨고 그 뜨거운 불꽃을 심어 주셨습니다.

개인적으로 영이 깨어났고, 더 깊은 성령의 물속에 잠기기를 사모하게 되었습니다.

주님의 자녀에서 친구로 이젠 정결한 신부의 모습으로 거듭나기를 매 순간 사모하고 있습니다.

저는 오랜 기간 동안 목 뒤에 심한 아토피 피부병을 앓고 있었습니다. 베개에 핏자국을 내며 아침에 일어나면 제일 먼저 손을 목 뒤에 대고 기도했습니다.

"예수님이 채찍에 맞으므로 내가 나음을 입었다! 예수님이 십자가에 달리시므로 모든 저주에서 나를 대속해 주셨다. 그러므로 아토피는 더 이상 예수님께 속한 나에게 영향을 끼칠 수 없음을 선포한다!"

오랜 시간 그렇게 수시로 하루에 몇 번씩 기도하며 하나님의 치료하심을 경험하기를 기다리고 있었습니다.

그날도 기도하며 잠자리에 들었습니다. 남편말로는 제가 잠꼬대로도 기도를 한다고 했습니다.

김종필 목사님의 꿈을 꾸었는데 목사님이 제 머리 위에 손을 얹으시고 기도해주시면서 말씀하셨습니다.

"네 눈이 참 예쁘다. 소원이 무엇이냐?"

저는 대답했습니다.

"제 목 뒤가 낫기를 원합니다."

그리고 꿈에서 깨었는데 너무 기분이 좋고 상쾌했습니다.

그 이후 더 이상 목뒤에서는 피와 진물이 흐르지 않고 피부병은 흔적조차 없어졌습니다. 할렐루야!』

『G 한인교회에서의 김종필 목사님의 집회를 통해 참으로 많은 영적인 비밀들을 깨닫게 되었습니다. 너무나 많은 영적인 비밀들이 쏟아졌기에 아직 정리가 되지 않은 상태입니다.

그러나 그 중 아주 분명한 것 한 가지를 나누고자 합니다.

집회 3일째인 금요일 집회 때 있었던 일입니다.

그날은 다른 날과는 달리 찬양시간을 통해서는 어떠한 성령님의 역사도 볼 수가 없었습니다. 그래서 나의 마음이 교만해졌거나 혹은 닫혀있어서 그런가 하여 주님께 회개하며 마음을 열어 주시기를 기도했지만 영적인 답답함은 사라지지 않고 있었습니다.

그러고 있는 중에 김종필 목사님께서 자리에서 일어나셔서 찬양을 하며 껑충 껑충 뛰기 시작했습니다.

그 순간 저는 너무나도 엄청난 일을 목격하게 되었습니다. 김종필 목사님께서 껑충 껑충 뛰기 시작하시면서, 그 뛰시는 자리로부터 강력한 성령의 빛이 나오기 시작하며 순식간에 전 교회를 덮는 것이었습니다.

그러자 하늘로부터 한 불줄기가 교회 한가운데로 내려오더니 순식간에 퍼져서 교회 전체를 태우기 시작했습니다.

그리고 그때 성령님께서, "아들아 보았느냐, 성령의 기름 부으심은, 성령의 불은 자기의 감정에 젖은 찬양을 통해서가 아니라, 고함치는 기도 소리로서가 아니라 온전하게 성령께 사로잡힌 한 사람을 통해 일어나는 것이다"라는 음성을 주셨습니다.

그때 제 마음속에서 이런 고백이 절로 흘러 나왔습니다.

"그렇습니다. 주님, 저 종이 그러하듯이 이 부족한 자도 온전히 성령님께 사로잡히게 하여 주시옵소서."』

미국 기독교계 신문 기자들은 성령의 쓰나미가 미국을 강타했다는 뉴스를 빠르게 타전했다.

성도들은 성령의 생수가 폭포수처럼 부어지는 현장이었다고 고백했다.

강팍하고 메마른 심령이 소생되는 자리였다고 말했다.

전 세계의 마지막 부흥을 위해 하나님이 사용하시는 놀라운 종이 나타났다고 이야기했다.

너무나 놀라운 간증과 예언의 말씀들이 있었다며 감격해했다.

많은 사람들이 보스턴을 중심으로 전 미국의 도시들과 세계 모든 나라들로부터 마지막 영적 대추수를 위한 부흥의 불길이 타오르게 될 것이라고 소리쳤다.

콧수염 살다

나는 아직도 콧수염을 기르고 있다.

콧수염을 기른 동기는 단순하다.

처음 필리핀 선교사로 갔을 때 현지 상인들은 한국인으로 보이는 나에게 엄청난 바가지를 씌웠다.

어느 날 며칠씩 면도를 하지 않은 모습으로 상점을 갔다.

현지 상인은 따갈로그어로 말을 건네며 물건 값을 평소보다 싸게 부르는 것이었다.

속으로 쾌재를 불렀다.

집으로 돌아와 거울에 비친 나의 모습을 보았다.

필리핀 사람보다 더 필리핀인 같은 한 남자가 퀭한 눈으로 나를 바라보고 있었다.

얼굴은 이미 까무잡잡해져 있었고 제대로 먹지 못한 탓에 볼이 홀쭉해져 있는데다 수염까지 지저분하게 났으니 내가 보아도 영락없는 필리핀 사람이었다.

그날부터 수염을 기르기 시작했다.

그 수염 덕분에 그 날 이후로는 필리핀 상인들로부터 혹시 한국인이 아니냐는 오해를 받아본 일이 없다.

한번은 필리핀 목사님들을 모시고 한국 교회를 방문한 일이 있었다.

주일날 아무 생각 없이 통역설교를 하고 내려오는데 필리핀 목사님께서 교회 한구석으로 나를 데리고 가더니 상기된 표정으로 물었다.

"목사님, 언제 그렇게 한국말을 배우셨습니까? 정말 한국 사람인줄 알았습니다."

모두가 콧수염 덕분(?)이었다.

콧수염 때문에 덕만 본 것은 아니었다.

가끔 한국 교회에서 필리핀 선교탐방을 오는 일이 있었다.

공항에 마중을 나가보면 처음부터 나에게 김종필 선교사냐고 물어보는 사람은 없었다.

대부분의 탐방 팀들은 나를 제외한 다른 한국 사람들을 붙잡고 물어보다가 제일 마지막에 가서야 혹시나 하는 눈빛으로 다가와서 조용히 물었다.

"김종필 선교사님이세요?"

나는 매번 꼴찌로 우리 교회 탐방 팀을 만날 수 있었다.

이런저런 우여곡절을 겪으며 보스턴까지 오게 된 콧수염이 생사의 기로에 서게 된 것은 최근 한국교회들을 대상으로 한 부흥집회가 늘어나면서부터였다.

사역 초기, 한국성도들을 만나면 나의 콧수염을 가끔 도마에 올리곤 했다.

목회자답지 못한 용모라는 것이다.

영국인이나 미국인들은 타인의 외모에 대해 거의 간섭하지 않는다.

하지만 한국 사람들은 그러한 간섭을 서슴지 않는다.

문화적 차이가 분명한 대목이다.

어쨌든 나도 분명한 한국인이니 그러한 충고를 무시할 수 없었다.

그렇다고 십여 년 동안 동고동락한 콧수염을 하루아침에 밀어 버릴 수도 없었다.

필리핀에서 사역하고 있는 아내의 생각을 물었다.

"벌써 당신의 트레이드마크가 되었으니 그냥 기르는 것이 좋겠어요."

콧수염은 아내 덕분에 살았다.

나는 아내의 마음이 바뀔 때까지 콧수염을 계속 기를 생각이다.

한국의 전해내려 오는 이야기 중에 '마누라 말을 잘 들으면 자다가도 떡이 생긴다'는 말이 있다.

분명 이 이야기는 여자들의 안방에서 지어낸 이야기일 것이다.

지독하게 아내의 말을 듣지 않는 한국 남편들에게 던진 수많은 마누라들의 떡밥일 것이다.

그렇다보니 아직 한국에서는 그 이야기의 진위가 명확하게 증명된 바 없다.

하지만 이 이야기는 바다 건너 미국에서 이미 100여 년 전에 입증된 바 있다.

바로 월트 디즈니의 이야기다.

어느 날 가난한 디즈니는 직장도 없이 셋방에서조차 내쫓겨 어느 교회 목사님의 배려로 교회 창고 같은 공간에서 지내게 되었다. 한구석에 앉아 직장과 먹을 것을 걱정하고 있었다.

아무리 생각해도 살아갈 길이 막막할 뿐 달리 뾰족한 해결책이 떠오르지 않았다.

바로 그때, 귀여운 생쥐 한 마리가 앞에서 재롱을 피우고 있는 것이 아닌가.

평소에도 디즈니 는 생쥐의 재롱을 보며 가난의 아픔을 달래곤 했었는데 이날은 단지 현실적 고통을 달래는 데 그치지 않았다.

그 앙증스런 생쥐의 모습을 만화로 그려 출판하기로 한 것이다.

그런데 문제는 주인공 생쥐의 이름이었다.

월트 디즈니는 생쥐의 이름을 '모티어마우스'라고 불렀다.

하지만 그의 부인은 '미키마우스'가 좋겠다고 제안했다.

월트 디즈니는 아내의 말을 들었다.

출판된 만화는 굉장한 인기였다. 세계 20여개국 출판사에서 앞을 다투어 번역출판을 쏟아냈다.

이러한 '미키마우스 신드롬'을 탄 만화는 매월 3천만 부라는 천문학적 판매부수를 기록하며 출판계에 일대 센세이션을 일으켰다. 이와 함께 제작된 미키마우스 인형 또한 어린이들에게 꿈을 심어주는 친구로 자리잡으면서 전 세계 어린이들의 사랑을 독차지했다.

월트 디즈니 부부는 억만장자가 되어 세계적 명물인 디즈니랜드의 주인이 되었다.

Canon 300D
by RK
ight (c) RK, 2004
hts reserved.

이 정도면 월트 디즈니는 아내의 말을 잘 들어 자다가 떡이 생긴 정도가 아니라 떡 방앗간을 아예 인수해버린 격이 됐다.

나 또한 아내의 말을 잘 듣는 편인데, 월트 디즈니처럼 억만장자가 된 것은 아니지만 아내의 말을 잘 들어 콧수염 목사로 유명세를 타고 있다.

지구촌 도시사역 네트워크

2005년 어느 날, 보스턴에 역사적인 손님의 방문이 있었다.

그들은 인도 도시선교단체의 이사장으로 사역하는 아브라함 부부였는데 오랫동안 임마누엘 가스펠 센터와 좋은 관계를 가져왔고, 홀 박사 부부와도 도시선교에 관하여 깊은 교분을 나눠온 사이였다.

나는 임마누엘 가스펠센터의 동역자인 테롤 부부와 함께 한국 식당인 아리랑에서 아브라함 부부를 만나게 되었다.

그들은 60대 중반쯤으로 보였지만 첫눈에 보아도 지혜와 총기가 넘쳤다.

대화를 나누는 동안 내 영은 홀 박사를 처음 만났을 때처럼 그들 부부에게 끌리기 시작하였는데 하나님께서 그분과 어떤 형태이든지 동역의 관계를 맺게 해 주실 것 같다는 강한 느낌을 받게 되었다.

남편 비쥬 아브라함(Viju Abraham)은 인도의 로잔대회 대표로 참석한 이후 인도의 도시 복음화를 위해 고민해 왔다고 말했다.

그때 모범적 모델로 발견한 것이 임마누엘 가스펠센터였고, 인도로 돌아가 조직하여 현재 많은 열매를 거두고 있다고 했다.

하지만 임마누엘 가스펠센터와 ACTS는 모두 국가적 한계를 지니고 있다고 지적하면서 세계 전역의 도시들을 연결하는 지구촌 도시사역 네트워크를 형성하고 싶다고 했다.

정말 좋은 생각이라고 생각하고 있는데 아브라함은 내 귀가 번쩍 뜨이는 제안을 했다.

"그 사역을 나와 함께 해보지 않겠느냐?"는 것이다.

당시 나는 홀 박사와 마지막 대 부흥을 위해 구체적으로 무엇을 어떻게 준비해야 할지 몰라 기도하고 있는 중이었으니 하나님의 즉각적인 응답으로 들릴 수밖에 없었다.

더구나 나에게는 필리핀의 40개 도시를 돌면서 도시 복음화를 위해 사역했던 경험을 갖고 있었고, 그러한 연합이 얼마나 큰 부흥으로 연결되는지 직접 체험한 터였다.

그들 부부가 인도로 돌아간 후 우리는 수개월 동안 미국과 인도를 오가는 국제전화를 통해 많은 이야기를 나누었다.

이듬 해, 갑자기 그분으로부터 전화가 왔는데 임마누엘 가스펠센터의 동역자인 그렉 디트와일러(Gregg Detwiler)와 함께 미국 아이오와주 동부에 있는 작은 도시 시더래피즈에서 열리는 미션 아메리카 코얼리션(Mission America Coalition)산하 '시티 임팩트 라운드테이블(City Impact Roundtable)'이라는 단체의 컨퍼런스에 꼭 참석해 달라는 것이었다.

사실 나는 CIR 단체에 대해 아는 바도 없었고, 열리는 장소 또한 생소한 곳이어서 마음이 끌리지 않았다.

나는 정중하게 사양했지만 아브라함은 꼭 참석해야 한다고 거듭 강조했다.

그렉과 나는 끌려가는 심정으로 항공권을 예약하고, 대회가 열리기 전날 아침 우리는 보스턴의 로건 국제공항에서 만났다.

우리가 예약한 항공권은 시카고를 경유하는 것이었는데 막상 공항에 도착하니 지난밤 시카고에서 있었던 심한 폭풍으로 비행기가 뜨지 못해 우리가 타고 가야 할 비행기도 연기되었다는 소식을 접하게 되었다.

그렉은 센터로 나는 집으로 돌아가 그날 저녁 비행기를 타기로 했다.

하지만 저녁에 다시 공항에 도착해보니 상황은 더 나빠져 있었다.

거듭되는 비행기의 연착으로 사람들은 장사진을 치고 있었고, 예약은 아무런 소용이 없었다. 줄을 서 먼저 온 순서대로 다시 표를 끊어야 했다.

그러나 줄을 서 겨우 표를 산다고 하여도 족히 몇 시간은 더 걸릴 것으로 보였다.

그렇다면 시카고에 도착한다고 하더라도 시더래피즈로 가는 마지막 비행기를 놓칠 것이 뻔했다.

그렇다면 출발하지 않는 게 나았다.

그때 성령께서 기도하라는 감동을 주셨다.

나는 공항에 선채로 기도했다.

"하나님, 내가 어느 곳에 서 있길 원하십니까?"

"아들아, 시더래피즈로 가라! 너를 위한 놀라운 사역이 기다리고 있노라!"

하나님의 응답은 즉각적이고 강하며 분명했다.

하지만 우리가 처한 현실은 불가능이라는 단어를 자꾸 떠올리게 했다.

예약한 저녁 첫 번째 비행기는 이미 떠나 버렸고, 20분 후에 출발하는 다음 비행기를 타야 시카고에서 시더래피즈로 가는 마지막 비행기를 탈 수 있었지만 길기만 한 대열은 전혀 줄어들 기미를 보이지 않았기 때문이다.

현실이라는 안경을 쓴 채 공항 어디를 둘러보아도 시카고를 갈 수 있는 방법은 보이지 않았다.

그러나 하나님은 공항 어딘가 비밀스런 장소에 우리의 항공권을 꼭 맡겨두었을 것이라는 엉뚱한 생각이 머리를 스쳤다.

나는 그렉을 대열 속에 남겨 둔 채 마치 맡겨 둔 항공권을 찾으러 가듯 항공사 안내 창구로 걸어갔다.

마침 항공사 직원으로 보이는 여자가 검색대 쪽문을 통해 밖으로 나오고 있었다.

나는 그 사람의 길을 가로 막으며 "오늘 꼭 시더래피즈로 가야 한다. 시카고로 가는 항공권 상황을 알아봐 달라"고 요청했다.

그녀는 마뜩찮은 표정으로 컴퓨터를 켰다.

"오늘 항공권은 이미 발매가 끝났습니다. 내일 아침 것으로 알아보겠습니다."

내일 아침에 출발하는 것으로 도착시간을 계산해보니 대회가 끝나는 시간이었다.

그 자리에 서서 다시 기도하였다.

"주님! 어떻게 하면 좋을까요?"

주님께서 응답하셨다.

"아들아, 가라! 내가 길을 열어 주리라!"

이때 공항 직원이 안쓰러운 듯 내 얼굴을 쳐다보며 말했다.

"죄송합니다. 어젯밤 취소된 비행기와 오늘 아침 연기된 비행기의 승객, 오늘 저녁에 출발하기로 했던 승객들이 모두 몰려 있어서 내일 아침 비행기도 장담할 수 없겠네요."

"주님! 어떡합니까?"

"이미 다 되었노라."

컴퓨터 앞을 막 떠나려는 그녀를 막으며 딱 한번만 더 알아봐 달라고 부탁했다.

"지금 막 승객 한 분이 이코노미 클래스에서 비즈니스 클래스로 옮기셨네요."

나는 얼른 그 좌석을 구입했다.

내친 김에 용기를 내어 "좌석 하나만 더 알아봐 주세요."라고 말했다.

"또 한 명이 비즈니스 클래스로 옮기셨네요."

할렐루야!

우리는 그렇게 하나님의 경륜을 깊이 체험하며 비행기에 올랐다.

그런데 문제가 또 발생했다.

공항사정으로 비행기 출발 시간이 계속 지체되는 것이었다.

기내에 앉은 우리 속은 까맣게 타들어갔다.

한 시간쯤 지나 비행기가 출발했으나 시카고 공항에 도착해보니 시더래피즈로 가는 비행기 출발 시간이 불과 몇 분 남지 않은 것을 알게 되었다.

그렉과 나는 무거운 여행 가방을 든 채 뛰기 시작했다.

하지만 항공사 코너에 도착해보니 우리가 예약한 비행기는 이미 출발한 뒤였다.

항공사 바닥에서 하룻밤을 지내야 할 형편이었다.

그런데 의자에 털썩 주저앉아 자세히 항공권을 보니 우리가 찾아간 항공사의 주소가 항공권의 항공사와 다르지 않은가?

창구직원에게 알아보니 그 항공사가 코너를 다른 곳으로 이동한 것이었다.

그렉과 나는 포레스트 검프처럼 다시 뛰기 시작했다.

우리가 제대로 항공사를 찾았을 때, 그렉과 나는 우리가 탑승할 비행기의 출발시간이 지연되어 30분이나 더 여유가 있는 것을 알게 되었다.

주님 감사합니다!

그렉과 나는 누가 먼저랄 것도 없이 뜨거운 감사의 기도를 드렸다.

나는 그렇게 어렵사리 참석한 그 대회에서 미국 내 도시사역을 담당하는 CIR의 기획팀(Design Team) 멤버로 사역하기로 했고, 국제 도시사역을 꿈꾸고 있는 하나님의 사람들을 만나서 국제도시사역 기구를 태동케 하는 최초의 모임을 갖게 되었다.

CIR대회 이후, 아브라함과 나는 미국과 전 세계에 있는 도시들을 복음으로 연결하는 기구를 만들기 위해 본격적인 활동에 들어갔다.

우리는 전 세계에 흩어져 있는 많은 도시사역자들을 만났고, 며칠씩 토론하면서 국제기구에 대한 구상을 구체화시켜 나갔다.

그 결과, 우리의 노력은 2007년 6월 보스턴에서 출범한 '지구촌 도시사역 네트워크(Global Urban Ministries Network)'라는 큰 결실을 맺게 되었다.

홀 박사가 위원장을 맡게 되었고, 그리고 태스크 포스로 빌 선더랜드(Bill Sunderland), 마닐라 책임자로 코리 디보어(Corrie DeBoer), 교육선교 담당자로 브로스(Brose) 박사와 홀 박사 그리고 존(Jon Sharpe) 박사가 선정되었고 나는 보스턴 책임자를 맡게 되었다. 그리고 이날 출범식에서는 2009년에 1천 명 규모의 도시사역 지도자들이 참석하는 대규모 대회를 열기로 했다.

앞으로 에는 로잔대회 관계자들까지 대거 참여, 지구촌 전역에 흩어져 있는 도시사역 단체들과 국제복음화기구 그리고 유수한 교육기관들과 연결하여 각 도시마다 그리스도의 복음이 효과적으로 증거되는 일들을 감당하게 될 것이다.

GUMNET는 현재 보스턴 사역의 중요한 부분을 이루고 있다.

엘리야 학교

지금은 마지막 때다.

나는 이 마지막 때를 위해 하나님이 숨겨놓은 엘리야들을 찾고 싶었다.

하나님을 배역하는 시대를 가슴에 품고, 하나님께 마음을 두지 않는 주의 백성들을 마음에 담고, 어찌할 수 없는 안타까운 마음을 추스르며, 이 시대에 불어올 늦은 비의 부흥을 열망하는 주의 종들을 만나고 싶었다.

그렇게 찾아내고 만난 그 부흥의 주역들을 훈련시키고 싶었다.

이를 위해 시작된 것이 바로 엘리야 학교다.

엘리야 학교는 강의를 중심으로 진행된다.

주제는 단 하나 '부흥'이다.

첫 번째는 부흥의 역사다.

두 번째는 부흥의 영성이다.

세 번째는 부흥신학이다.

네 번째는 부흥 목회의 새로운 패러다임이다.

다섯 번째는 부흥을 위한 기도다.

여섯 번째는 부흥을 위한 개인의 성화다.

일곱 번째는 종말론적 대 부흥이다.

2008년 1월 21일, 펜실베니아 피츠버그에서 제1회 엘리야 학교 (Elijah School)가 열렸다.

3박 4일간의 일정으로 진행된 이날 엘리야 학교에는 로스앤젤레스, 샌디에고, 샌프란시스코, 달라스, 텍사스, 시카고, 미네소타, 오하이오, 워싱턴 D.C, 버지니아, 메릴랜드, 뉴욕, 뉴저지, 보스턴 등 미국 전역에서 몰려온 150명의 목회자와 사모, 교회와 도시사역 지도자들이 참석해 성황을 이뤘다.

그들은 하나 같이 자신들이 살고 있는 도시와 나라 전체의 큰 부흥을 사모하는 열정적인 신실한 하나님의 종들이었다.

엘리야 학교가 진행되는 내내 하나님은 참석자들 하나하나를 만져 주셨다.

그들은 말씀을 통해 늦은 비의 비밀을 깨닫게 되었다.

부흥의 본질을 알게 되었다.

밤마다 열리는 영적 대각성 집회를 통해 사도적 영성과 예언, 방언, 신유를 체험했다.

놀라운 성령의 임재를 경험했다.

마지막 날, 대부분의 참석자들은 주님의 재림을 예비하는 이 마지막 시대의 엘리야로 우뚝 서기를 결단하는 기도를 드렸다.

몇몇 사람들은 그 기도를 통해 삶의 방향이 송두리째 바뀌는 놀라운 은혜를 맛보았다.

피츠버그 이후 엘리야 학교는 워싱턴 D.C. 2세 엘리야 학교로 이어졌고, 뉴욕, 뉴저지, 콜로라도, LA 엘리야 학교로 계속되었다.

나는 엘리야 학교를 열 때마다 수천 수만의 엘리야가 주의 대로를 평탄케 하는 환상을 본다.

엘리야 학교는 임마누엘 가스펠센터의 바이탈리티 프로젝트와 지구촌 도시사역 네트워크와 더불어 보스턴 사역의 큰 줄기를 이루고 있다.

국제크리스천센터

2007년 1월1일.

하나님은 미국과 전 세계의 부흥을 위해 40일간 금식할 것을 명령하셨다.

성령께서는 특별히 금식할 장소를 지정해 주셨는데, 그곳이 바로 쥬빌리 크리스천 교회다.

나는 담임목사님인 톰슨(Glibert Tomson)감독을 만나고 나서야 왜 하나님이 그곳에서 금식하라고 하셨는지 알게 되었다.

그 첫 번째 이유는 톰슨 목사님이 흑인이었다는 사실이다.

나 외의 다른 사람들에게 톰슨이 흑인 목사님이란 사실은 그다지 놀랄 일도 관심을 둘 일도 아니었다.

하지만 나에게는 특별한 기억이 있었다.

내가 보스턴으로 떠나오기 전, 영국에서 보스턴으로 가겠다고 순종한 후 기도 중에 생긴 일이었다.

성령께서 말씀하셨다.

"보스턴으로 가라. 너를 도와주는 사람이 있을 것이다."

내가 마음속으로 미국사람이라면 백인일 것이라고 생각하고 있을 때 다시 감동을 주셨다.

"흑인이다."

"그 사람의 이름이 무엇입니까?"

"네가 그 사람을 만나면 단번에 그가 나의 사람임을 알아 볼 것이다."

주님과 나의 대화는 여기서 끝났다.

내가 처음 하버드를 방문해 하비콕스 교수를 만났을 때 나는 하비콕스가 흑인일 것이라 생각했다.

물론 홀 박사도 흑인이 아닌 백인이었다.

톰슨 목사님이 바로 주님이 말씀하신 흑인이었다.

톰슨 목사님은 25년 전, 한국교회의 부흥을 배우기 위해 한국을 방문했었다.

그는 한국 방문을 통해 한국교회의 새벽기도가 놀라운 부흥의 진원지임을 직접 확인하게 되었고, 어느 기도원을 방문해 40일 금식기도에 들어갔다.

하지만 아쉽게도 한국 법무부가 비자를 연장해주지 않아 금식은 33일로 중단하고 미국으로 돌아와야 했다.

톰슨 목사님은 돌아오는 비행기 안에서 간절히 기도했다.

"하나님, 고국으로 돌아가면 주님께 기도하는 교회를 세우도록 도와주세요."

그렇게 하나님의 응답으로 25년 전에 세워진 교회가 쥬빌리 크리스천 교회였다.

현재는 5천 명 정도가 출석하는 큰 교회로 성장했으며 25년 전부터

이미 새벽기도를 하고 있었다. 요즘은 매일 새벽 5시와 6시에 두 번에 걸쳐 새벽기도를 하고 기회가 될 때마다 금식기도도 하고 있었다.

쥬빌리 교회는 기도가 살아 있는 교회였다.

성령께서 그곳에서 금식하라고 말씀하신 두 번째 이유였다.

내가 톰슨 목사님에게 40일 동안 쥬빌리 교회에서 금식할 수 있도록 허락해 달라고 부탁했을 때 그는 온 교회에 금식을 선포하고 뉴잉글랜드 전역의 많은 교회의 목회자와 성도들이 금식에 함께 동참할 수 있도록 적극 도와주었다.

톰슨 목사님의 도움으로 쥬빌리 목회자와 성도들뿐 아니라 수십 개 교회의 수천 명의 성도들이 릴레이로 나의 40일 금식기도에 동참했다.

나중에 어린이와 청소년들까지도 그 날의 금식 릴레이에 동참했었다는 소식을 듣고 큰 감동을 받았었다.

쥬빌리 교회의 기도회와 한국교회의 기도회에 차이점이 있다면 한국교회의 기도회는 특별한 경우를 제외하고는 경건하고 조용한 가운데 진행되지만 이들은 매일 기도할 때마다 쿵쿵 뛰고 빙빙 돌면서 기도한다는 것이었다.

육중한 몸들이 쿵쿵 뛰면서 빙빙 돌기까지 하자 처음에는 정신이 하나도 없었다.

하지만 차츰 적응이 되고 그들의 깊은 기도의 영성도 보게 되었다.

금식 32일 째, 건강이 급격히 악화되었다.

금식 31일까지는 하루에 15시간씩 기도했지만 교회 계단을 내려갈 때 한 번도 핸드레일을 잡지 않고 움직일 만큼 강건했었다.

하지만 32일 째부터 나는 앉지도 일어서지도 등을 기댈 수도 없는 극심한 고통으로 괴로워했다.

가만히 누워 있어도 온몸에 통증이 몰려왔다.

하지만 기도를 하기 위해 억지로 일어나 앉았다.

뱃속에서 식도를 타고 물컹한 느낌의 액체가 입안에 고였다.

혓바닥에 많은 돌기들이 생겼다.

돌기들은 섬뜩한 이물감을 빠르게 감지해 뇌로 전달했다.

기분이 좋지 않았다.

뱉어 보니 검붉은 피였다.

앉아 있는 동안 나는 계속 피를 토했다.

원인을 알 수 없었다.

누우면 피는 멈추었지만 고통은 여전했다.

병원으로 옮겨 치료를 받지 않으면 생명을 잃을 수도 있었다.

하지만 금식기도를 멈출 수 없었다.

그 이유는 하나님께서 이미 기도응답의 비밀을 알려주셨기 때문이었다.

하나님은 에스겔을 성전 문으로 데리고 가셨다(겔 47장 참조).

성전 문은 동쪽으로 향하여 있었는데 그 문지방에서 물이 솟아 흘렀다.

물은 동쪽으로 흐르다가 남쪽으로 다시 흘렀다.

물은 북쪽 문에서도 솟아났다.

하나님은 일천 척을 척량한 후에 에스겔을 건너게 하셨다.

물은 발목까지 찼다.

다시 일천 척을 척량한 후에 물을 건너게 하셨다.

무릎까지 찼다.

허리까지 찼다.

다시 일천 척을 척량한 후에는 사람이 건너지 못할 큰 강이 되었다.

온몸이 잠길 정도의 깊은 물이 되었다.

많은 성도들은 말한다.

"하나님, 속히 응답하옵소서."

그리곤 서둘러 기도의 자리를 박차고 일어난다.

아직 기도의 물은 발목까지도 차지 않았는데도 말이다.

삶의 속도가 빠르니 기도도 빠르고 응답에 대한 요구도 빠르다.

개인기도는 하루 30분을 넘기기 힘들다.

성도들은 묻는다.

"왜 나의 기도에 응답하지 않습니까?"

하나님은 이렇게 반문하신다.

"왜 응답할 때까지 기도하지 않니?"

하나님은 우리 기도의 물이 발목을 지나 무릎을 넘어 허리에 잠기고
온 몸을 덮을 때까지 기도하라고 말씀하신다.

하나님의 임재 안에 완전히 잠겨 발끝부터 머리끝까지 만져주시는 깊은 은혜의 세계를 경험할 때까지 기도하라고 권고하신다.

빨리 빨리만 외치다보면 하나님의 현존을 느끼기 어렵다.

기도의 즐거움을 맛볼 수 없다.

응답의 기쁨을 누릴 수 없다.

"응답을 받을 때까지 기도하라!"

여기에 기도의 비밀이 있다.

이것이 바로 기도응답의 비밀이다.

기도를 위해 다시 몸을 일으켰다.

생의 마지막을 알리는 듯한 극심한 고통이 몰려왔다.

성령께서 물으셨다.

"네가 주저앉고 싶을 때 하는 것이 무엇이냐?"

기도였다.

"네가 가장 힘들 때 할 수 있는 것이 무엇이냐?"

기도뿐이었다.

생의 마지막 고통이 몰려올 때 내가 유일하게 할 수 있는 것도 기도뿐이었다.

나는 혼신의 힘을 다해 몸을 앞뒤로 흔들기 시작했다.

흔들면서 묵상으로 기도하기 시작했을 때, 몸 속 저 깊은 곳으로부터 형체를 알 수 없는 무엇인가가 올라오고 있음을 느낄 수 있었다.

그것은 거센 물줄기 같기도 하고 강한 바람 같기도 했다.

내 몸은 팽창하기 시작했다.

심장은 터질 듯이 빠르게 펌프질을 했고, 조금만 더 있다가는 온몸의 장기가 파열돼 조각조각 흩어질 것 같은 강한 압박감을 느꼈다.

나는 더 이상 입을 다물고 있을 수 없었다.

하늘을 향해 입을 여는 순간, 내 안에 꽉 찬 무엇이 위를 향해 터져 올랐다.

강한 물줄기처럼 솟아올랐다.

거센 바람처럼 솟구쳐 올랐다.

시원한 생수의 강이 내 몸 전체를 가로질러 위로 솟는 듯한 황홀한 기분이었다.

언덕에 올라 머리를 뒤로 젖힌 채 두 팔을 벌리고 가슴 가득 푸른 바람을 맞는 환한 기분이었다.

하나님을 향한 송축과 찬양이 터져 나왔다.

기도가 봇물처럼 넘쳐흘렀다.

놀라운 방언과 예언이 쏟아졌다.

새 힘이 솟구쳤다.

나는 찬양과 기도와 방언과 예언을 쏟아내며 하나님의 깊은 임재 안에 거했다.

그 임재 속에서 어떤 환상을 보고 있었다.

하나님은 나에게 큰 건물을 보여주셨다.

그 건물은 유럽의 대규모 축구장보다 훨씬 더 큰 둥근 원형 모양이었는데 빽빽한 하나님의 영광의 구름으로 둘러싸여 있었다.

나는 카메라 모니터를 통해 건물 내부를 볼 수 있었다.

건물 내부에는 커다란 컨벤션 홀이 있고 식당과 서점도 있고 작고 큰 세미나 룸도 있고 수백 개의 개인과 단체 기도실도 있었다.

사람들은 강연을 듣기도 하고 식당에서 밥을 먹기도 하고 책을 골라 독서를 하기도 하고 세미나에 참석하기도 하고 각종 훈련 프로그램에 참여하기도 하고 기도에 전념하기도 했다.

눈에 띄는 것은 건물 중앙에 우뚝 솟은 기도 타워였다.

타워 안에는 24개 방향으로 기도 방들이 빼곡히 배치되어 있었다.

그곳에서는 수백 명의 사람들이 24시간 밤낮없이 세계 대 부흥을 위해 중보기도를 올리고 있었다.

나는 하나님께 물었다.

"이것이 무엇입니까?"

"너는 세계 최대의 기도센터를 세워라. 내가 그곳을 통하여 전 지구촌에 큰 부흥의 역사를 일으킬 것이다."

환상에서 깨어나자마자 톰슨 목사님에게 이 사실을 모두 말했다.

"저 또한 그와 같은 기도센터의 건립을 위해 지난 25년간 기도해왔습니다."

하나님은 당신의 때에 당신의 사람을 만나도록 인도해 주는 분이었다.

그리고 얼마 후, 기도센터 건립을 생각하며 묵상하던 중 한 통의 전화를 받게 되었다. 필립아카데미에서 함께 공부하면서 알게 된 제이미였다. 그는 부시 대통령의 사촌 동생인 제임스 부시로 편하게 제이미라고 불렀다. 제이미는 며칠 후에 있을 미국 지도자 모임에 나를 초대하고 싶다고 말했다.

나는 감사한 마음으로 그 모임에 참석했다.

거기에서 제이미를 통해 많은 사람들을 소개받았는데 유독 내게 관심을 보인 사람이 한 명 있었다.

"미국에는 어떻게 오셨습니까?"

그는 자신을 존 씨셀이라고 소개했다.

"하나님께서 보스턴으로 가라고 명령하셨습니다."

씨셀은 흥미롭다는 듯 눈빛을 반짝이더니 나에 관해 더 많은 이야기를 듣고 싶어 했다.

나는 필리핀 선교와 영국 유학생활, 보스턴에서의 사역을 비교적 상세하게 들려주었고, 최근에 본 기도센터에 대한 환상도 말해주었다.

씨셀(John Sissel)은 기도센터 건립에 큰 관심을 보였다.

알고 보니 그는 뉴욕을 중심으로 미국 전역의 대형교회 토지 구입을 전담하다시피 하고 있는 큰 부동산 사업가였다.

씨셀이 자신이 부동산 사업가라고 말하는 순간, 내 귀에 들린 것은 기도센터 건립을 위해 움직이는 하나님의 빠른 발자국 소리였다.

이제 기도센터 건립은 나의 중요한 사역 중 하나가 되어 한 단계 한 단계 추진되고 있다.

우선 그 이름을 국제크리스천센터(International Christian Center ; ICC)로 명명하고 건축 부지를 매입할 단계에 있다.

아마도 뉴잉글랜드 지역 중 한 곳이 될 것이다.

따라서 이를 돕기 위한 뉴잉글랜드광역교회협의회와 ICC운영위원회를 조직하고 있다.

이와 더불어 ICC 건립을 위한 중보기도운동을 시작했으며 그 후원자도 찾고 있다.

이 일이 마무리 되면 두 번째 단계로 ICC 프로젝트에 대한 마스터플랜을 마련하고 건물에 대한 청사진을 그려 건설사를 선정할 계획이다.

ICC가 준공되는 그날, 그곳에서는 정말 놀라운 광경이 벌어질 것이다.

24/7 중보기도 타워에서는 매주 매일 24시간 모든 열방과 민족을 위한 릴레이 중보기도가 드려질 것이다.

메인홀에서는 매일 5번씩 예배가 드려질 것이다.

다양한 규모의 컨퍼런스룸에서는 세계 각국에서 몰려든 선교사와 사역자들을 위한 크고 작은 세미나와 강의가 진행될 것이다.

그들은 정보를 공유하며 복음전파를 위해 네트워킹할 것이다.

훈련받고 휴식하고 재충전하며 기도로 무장할 것이다.

엘리야 학교도 이곳에서 정기적으로 열릴 것이다.

하버드, MIT, 예일대, 옥스퍼드 등 세계 유명대학에서 리쿠르트한 우수한 대학생들을 훈련시켜 선교사로 파송하는 대학생선교훈련센터도 이곳에 들어설 것이다.

그리고 ICC에서 진행되는 이 모든 예배와 프로그램은 TV와 라디오, 인터넷을 통해 전 세계에 생중계될 것이다.

신문과 잡지를 통해 알려질 것이다.

ICC는 주님의 재림 직전에 임하게 될 세계 대 부흥의 진원지가 될 것이다.

깨뜨림

모든 사역이 정신없이 빠른 속도로 진행될 즈음, 하나님은 다시 한 번 나를 멈추게 하셨다.

2008년 3월, 뉴욕 KIMNET 대회를 인도하는 중에 필리핀에 있는 아내 김은주 선교사가 쓰러져 7일째 물도 못 마실 정도로 건강이 악화되었다는 소식을 들었다.

내가 보스턴 사역을 감당하는 동안 아내는 목사 안수를 받았으며 필리핀 한알의밀알교회 본당과 체육관 공사를 모두 완성하는 큰 역사를 이루었다.

물론 거기에는 이미 언급했던 H·Y 집사님 부부의 도움이 지대했다.

그들 부부는 앞에서 밝힌 100만 달러 이외에 300만 달러를 더 헌금

했다.

하지만 아내의 사역은 여기서 멈추지 않았다.

필리핀 젊은이들을 훈련시켜 전 세계로 파송할 대학원 과정의 선교 훈련원을 짓느라 10개월 째 극한 어려움에 처해 있었고 급기야 금식 기도에 들어 간 것이었다.

가슴이 찢어질듯 아팠지만 연일 계속되는 집회를 준비하느라 제대로 따뜻한 위로 전화 한 통 해주지 못했다.

당시 나는 한 집회에서 하루 8시간 이상 강의하고 밤늦게까지 예배와 기도회를 인도하는 초인간적인 일정을 소화하고 있었다.

캘린더에는 단 하루도 빠짐없이 수많은 일정이 빼곡하게 적혀 있었다.

결국 아내는 한국의 한 대학병원에서 큰 수술을 받아야 했다.

나는 아내를 위해 기도하면서 하나님께 물었다.

"나는 아내가 원하는 육의 사람, 혼의 사람이 아닌 온전한 성령의 사람, 한 영혼을 위해 죽을 수 있는 사람, 복음을 위하여 자신의 생명을 내어 줄 수 있는 사람이 되기 위해 후회함 없이 20여 년 외길만을 달려 왔습니다. 주님, 이 고통의 시간은 어느 때까지입니까?"

하나님은 나의 영을 20년 전 창고를 개조해 살던 그 낡고 허름한 집으로 인도했다.

그곳에서는 젊은 부부가 두 손을 마주잡고 간절히 기도하고 있었다.

그때, 주님은 그들에게 놀라운 예언의 말씀을 주셨다.

"너희는 이 마지막 시대를 준비하라. 주의 재림이 가까웠다. 주의 재림 직전에 다가올 큰 부흥을 준비하라. 창세전부터 너희를 그 부흥의 도구로 불렀노라. 나는 너를 깨뜨릴 것이다."

나는 그 말씀을 듣고 나서야 20년 전 받았던 그 예언의 말씀을 기억해 냈다.

사실 그때는 그 말씀이 무슨 의미인지 깨닫지 못했다.

하지만 이제는 그 말씀이 무슨 의미인지 분명히 안다.

하나님은 술주정꾼 아버지를 통해 나를 깨뜨리셨다.

거처할 곳과 먹을 것조차 없는 신혼생활을 통해 깨뜨리셨다.

힘든 전도사 생활과 실패한 개척교회를 통해 깨뜨리셨다.

필리핀의 쓰레기더미 위로 던지심으로 깨뜨리셨다.

한 번도 가 본적 없는 낯선 버밍엄과 보스턴에 보내심으로 깨뜨리셨다.

아내의 고통을 통해 또다시 깨뜨리고 계셨다.

하나님은 나를 깨뜨리셨고 또 깨뜨리실 것이다.

부흥은 철저히 깨어진 그 한 사람을 통해 일어나기 때문이다.

콜로라도 집회를 마치고 LA 엘리야 학교를 이틀째 인도하던 날, 주님은 내가 한인교회 집회에 너무 깊숙이 들어가 있음을 경고하셨다.

주님께서 한인교회를 중심한 나의 사역을 깨뜨리길 원하심을 알 수 있었다.

그 음성은 너무나 긴박하고 엄중했기 때문에 뉴욕 뉴저지 엘리야 학교를 마치면서 사역의 중심을 미국교회로 바꾸겠다고 선언했다.

따라서 이후의 한인교회 일정은 대부분 취소하였다.

그것은 참 아픈 일이었다.

깨뜨림은 고통을 동반한다.

고통 없는 깨뜨림은 없다.

주님은 나를 향해 보스턴으로 떠나라고 명령하실 때 말씀하셨다.

"잠자는 미국 교회를 깨우고, 세상의 중심에서 부흥을 외쳐라!"

하나님께서 바로 '나'를
지명하여 불렀기 때문이다

나는 버밍엄 대학에서 3년간 영국교회를 비롯한 유럽교회의 부흥과 쇠퇴를 연구하면서 그와 관련된 수천 권의 논문과 서적을 보았다.

그것들은 하나같이 권위 있는 신학자들에 의해 저술된 것이었고 그 명성대로 예리하게 문제점들을 파헤치고 있었다. 그리고 적절한 대안들도 제시하고 있었다.

하지만, 최근 영국 인디펜던트지는 교회 성직자들과 평신도들이 나서서 발표한 한 보고서를 인용해 영국교회가 60년 안에 자취를 감출 것이라고 보도한바 있다.

왜일까?

왜 예리하게 문제점을 파헤치고 적절한 대안까지 제시하고 있음에도 불구하고 영국교회를 비롯한 유럽의 모든 교회가 더 깊은 나락으로 빠져드는 것일까?

그 의문은 보스턴에 와서도 풀리지 않았다.

나는 임마누엘 가스펠센터에 들어와서 미국교회와 관련된 수많은 논문과 서적을 보았다.

미국 신학자들 역시 영국 신학자들 못지않게 미국교회의 흥망에 관한 날카로운 원인분석과 탁월한 대안을 제시하고 있었다.

하지만 미국교회는 긴 잠에서 쉽게 깨려하지 않는다.

미국교회 또한 더 깊은 침체의 늪으로 빠져들고 있다.

요즘의 한국교회 또한 유럽교회와 미국교회에 대한 이같은 어두운 전망으로부터 자유롭지 못하다.

유럽교회처럼 교권화되고 미국교회처럼 상업화된 한국의 기독교는 아주 오래전부터 이미 쇠퇴의 길로 접어들었기 때문이다.

그렇다면 황폐화된 유럽교회를 살리고, 잠든 미국교회를 깨우며, 퇴락의 길로 들어선 한국교회를 다시 일으킬 수 있는 방법은 없는 것일까?

나는 그 해답을, 책의 서문에서 던졌던 세 가지 질문에 대답하는 것으로 대신하고자 한다.

"Why Revival?"
"Just Revival!"

왜 부흥인가?

예수께서 이 마지막 시대를 향해 명령하신 것이 '바로 부흥'이기 때문이다.

영국교회를 살릴 수 있는 유일한 길은 부흥이다.

미국교회를 깨울 수 있는 유일한 길도 부흥이다.

한국교회가 다시 불같이 일어설 수 있는 유일한 길도 부흥이다.

오직, 부흥뿐이다.

예수님은 이미 2천 년 전에, 온 민족과 열방이 두 손을 높이 들고 주님께 돌아오는 세계 대 부흥을 준비하라고 명령하셨다.

당신은 주님의 재림을 위해 부흥의 등불을 준비해야 한다.

그 부흥의 등불을 높이 들어 주의 길을 예비해야 한다.

주의 대로를 평탄케 해야 한다.

당신이 주님의 재림을 준비하는 유일한 길은 '바로 부흥'이다.

"Why Here?"

"Just Here!"

왜 이곳인가?

하나님께서는 '바로 이곳'에서 부흥이 일어나길 원하시기 때문이다.

내가 서 있는 바로 그곳이 부흥의 진원지가 되어야 한다.

마닐라가 부흥의 진원지가 되어야 한다.

버밍엄이 부흥의 진원지가 되어야 한다.

보스턴이 부흥의 진원지가 되어야 한다.

대한민국이 부흥의 진원지가 되어야 한다.

내가 서 있는 바로 '그곳'에서 부흥이 일어나야 한다.

나는 매일 보스턴이 부흥의 진원지가 되게 해달라고 기도하고 있다.

보스턴에 성령의 늦은 비가 폭우처럼 쏟아지게 해 달라고 기도하고 있다.

보스턴으로부터 전 세계를 다 태우고도 남을 성령의 강력한 불길이 솟아오르게 해달라고 기도하고 있다.

현재, 내가 서 있는 곳이 보스턴이기 때문이다.

하나님께서 지금 이 시간 나를 세우신 곳이 바로 보스턴이기 때문이다.

보스턴에는 이미 늦은 비가 내리기 시작했다.

당신이 서 있는 그곳에서도 부흥이 일어나야 한다.

당신이 서 있는 그곳에도 성령의 늦은 비가 폭우처럼 쏟아져야 한다.

당신이 서 있는 그곳으로부터 성령의 뜨거운 불길이 타올라야 한다.

그렇다면, 당신도 나처럼 매일 기도해야 한다.

당신이 서 있는 '바로 그곳'으로부터 부흥이 일어나게 해달라고 기도해야 한다.

"Why Me?"

"Just Me!"

왜, 나인가?

하나님께서 '바로 나'를 지명하여 불렀기 때문이다.

한국에서 나를 불렀기 때문이다.

필리핀에서 나를 불렀기 때문이다.

영국에서 나를 불렀기 때문이다.

누가 세계 대 부흥을 일으킬 것인가?

바로 '나'다.

누가 마지막 대 추수를 위한 주님의 명령에 달려 나갈 것인가?

바로 '나'다.

이 책을 읽고 있는 바로 '당신'이다.

하나님은 당신으로부터 시작되는 부흥을 원하고 계신다.

지금 당장, 방문을 걸어 잠그고 무릎을 꿇어라.

그리고 이렇게 기도하라.

"오 하나님, 나를 깨뜨려주옵소서."

세계 대 부흥은, 깨어진 당신을 통해 일어날 것이다.

철저히 깨어진 '당신'이 주님의 재림 직전에 임할 대 부흥의 주인공이다.

※책을 읽고 감동을 받으셨거나, 앞으로 계속되는 김종필 목사님의 사역에 대해 이메일을 받아보기 원하시는 분은 jpkim21@gmail.com으로 연락주십시오.

하라면 하겠습니다 주님!

지은이 | 김종필
발행인 | 김용호
발행처 | 나침반출판사

초판 1쇄 발행 | 2008년 11월 11일
　　13쇄 발행 | 2013년 10월 30일

등 록 | 1980년 3월 18일 / 제 2-32호
주 소 | 110-616 서울 광화문 사서함 1641호
전 화 | 본　사(02)2279-6321
　　　　영업부(031)932-3205
팩 스 | 본　사(02)2275-6003
　　　　영업부(031)932-3207

홈페이지 | www.nabook.net
이 메 일 | nabook@korea.com
　　　　　nabook@nabook.net

ISBN 978-89-318-1387-6
책번호 가-9027

값은 뒷표지에 있습니다.